Comment vaincre le
découragement

Comment vaincre le découragement

par
JEAN-PIERRE MARIN

Edité par
PROMOTIONS MONDIALES/EDITIONS LN INC.
DRUMMONDVILLE, QC CANADA
J2B 6V4

Distribué au Québec, Canada par
   Les Presses Métropolitaines Inc.
   175, boul. de Mortagne, Boucherville, QC J4B 6G4
   Tél. (514) 641-0880

Conception graphique de la couverture
   Christian Bienvenue

Photo de la couverture
   Daniel Quirion

Photocomposition et mise en page
   Denise Lizotte/Gisèle Girard
   2950, boul. Lemire, Drummondville, QC J2B 7J6
   Tél. (819) 477-0651

Tous droits réservés — ISBN: 2-89150-044-X

Edité et diffusé par:
   PROMOTIONS MONDIALES/EDITIONS LN INC.
   425, rue Nadia, B.M. 522, R.R. 4
   Drummondville, QC   J2B 6V4
   Tél. (819) 477-8287

Introduction

On peut dire que l'être humain est une drôle de créature: alors qu'il ose se prétendre le chef-d'oeuvre de l'univers, il n'a en fait qu'une seule véritable ambition, celle de s'auto-détruire à tout prix. En effet, il ne faut pas passer beaucoup de temps à observer les humains pour vite constater jusqu'à quel point nous pouvons être obsédés par ce désir à tout prix de déchiqueter tout ce qui ne nous ressemble pas, de malmener tout ce qui nous est inconnu, de maudire ce qui s'élève quelque peu de notre état médiocre, et d'exterminer tout ce qui se trouve sur notre chemin.

Que c'est donc lamentable de constater jusqu'à quel point l'homme peut être descendu bas. Oui, l'humain est descendu pas mal plus bas que les bêtes avec ses haines, ses envies, ses jalousies, ses querelles, ses inimitiés, son obstination, ses tueries, son orgueil et ses fanfaronnades.

Sans risque de se tromper, on peut dire que c'est simplement à cause de son manque de courage si l'humain est parvenu à ce désastre humain que nous pouvons constater à satiété à notre époque à l'échelle planétaire. Dès que l'être humain manque de courage, il cesse en même temps d'agir, d'avancer, de progresser. Et si nous tenons compte du fait que le contraire du courage, c'est le découragement, on peut donc conclure que le manque de courage, c'est-à-dire le découragement, est la racine même de la plupart des maux humains de notre temps.

Oui, il faut être courageux pour continuer d'aimer son prochain, lui faire du bien. Il faut être encore courageux pour continuer de labourer le sol, prendre soin de la planète. Il faut être courageux pour continuer de pardonner les manquements des autres, continuer de les enrichir de notre estime malgré leurs défauts. Il faut être courageux pour poursuivre la paix, planter des arbres, construire des demeures pour loger et réchauffer les sans-abri. Le courage, soit cet état mental qui incite l'humain normal à continuer d'oeuvrer dans le sens du bien, du bon et de tout ce qui est positif, le courage dis-je, est le fondement même de toute l'existence universelle. Celui qui manque de courage, ou qui cesse d'agir en vue du bien, celui-là tombe irrémédiablement dans l'état contraire, c'est-à-dire le découragement.

Les effets du découragement humain sont évidents, largement étalés à la vue logique de tout être raisonnable. A quelle cause peuvent bien être attribués tous les divorces, les meurtres, les beuveries, les inimitiés, ainsi que toutes les autres choses négatives qui ressemblent à celles-là sinon au manque de courage, soit au découragement.

Par courage de vivre, je n'entends aucunement la témérité. Bien sûr, la témérité peut parfois ressembler au courage, mais en y regardant d'un peu plus près, on se rend vite compte que courage et témérité n'ont pas plus d'affinité ensemble que la lumière et les ténèbres. La témérité, il est vrai, pousse à l'action, mais il s'agit le plus souvent de gestes posés sans que ces derniers ainsi que les conséquences pouvant s'ensuivre ne soient abondamment éclairés par une connaissance raisonnable et logique de tous les faits impliqués. Par contre, le courage de poursuivre l'action, lui, est toujours abondamment éclairé d'une connaissance réaliste, raisonnable. Etant donné que l'expression "courage de vivre", "être courageux", reviendront à maintes reprises dans ce livre, je crois utile d'établir au départ la distinction existant entre les mots "courage" et "témérité".

Au fil de ma vie, j'ai souvent été confronté avec des personnes qui, plutôt que de poursuivre courageusement et dignement la course de la vie, se laissaient plutôt emporter aux grés du refus d'agir, et ainsi se voir complètement submergées dans les affres du découragement. Que de fois ai-je rencontré des gens aux prises avec la haine, une mauvaise habitude, un vice détestable, enchaînés dans toutes sortes de peurs, végétant misérablement dans des conditions de vie tout simplement inacceptables, tout ça simplement à cause de leur état d'êtres découragés. Je suis absolument persuadé qu'à vous aussi il est arrivé à maintes reprises d'être témoins de tels cas lamentables. Il vous est certainement déjà arrivé de rencontrer cette sorte de personnes aux prises avec l'alcoolisme, la querelle conjugale, le manque d'emploi, ou toute habitude aussi stupide que le tabagisme; des gens emprisonnés dans de telles situations d'existence tout simplement parce que le manque de courage, c'est-à-dire le découragement, les empêchait de briser leurs liens mentaux et ainsi s'envoler en toute liberté dans le ciel bleu de l'action positive, de la vie emballante, véritable.

Le seul but que je poursuis en publiant le présent livre consiste à désirer partager avec le plus d'êtres possible les quelques connaissances acquises au fil des ans sur un sujet d'une grande actualité à notre époque: le découragement. Le découragement, ou plutôt le manque de courage pour continuer d'agir, fait de tels ravages de nos jours, des ravages souvent irréparables, que les observations personnelles que j'ai pu acquérir sur le sujet me convainquent de l'importance de les partager avec le plus de gens possible. Voilà donc la raison d'être de ce livre: non pas rénover l'humanité toute entière, mais simplement partager des observations personnelles avec quiconque s'intéresse aussi à remporter une certaine victoire sur cet ennemi mortel de l'humanité, le Découragement. Et s'il y a vraiment plus de bonheur à partager qu'à accumuler, je trouverai donc beaucoup de satisfaction personnelle si la lecture de cet ouvrage peut vous apporter la moindre particule de courage et de joie de vivre.

Jean-Pierre Marin

1ère partie
Le
Découragement

Chapitre 1

Qu'est-ce que le découragement?

Avant de débuter la rédaction de ce chapitre, j'ai pris le temps de contacter de nombreuses personnes afin de leur poser la question suivante: "À votre avis, comment peut-on reconnaître une personne qui est découragée?". Les innombrables réponses erronées reçues m'ont fortement incité à débuter cet exposé par le chapitre de base que voici: *Qu'est-ce que le découragement?*

La plupart des personnes que j'ai contactées pour leur poser la question mentionnée plus haut, je devrais dire plutôt toutes les personnes contactées, m'ont répondu, qu'à leur avis, on pouvait reconnaître une personne découragée par les traits abattus de son visage, l'expression de sa physionomie, ses yeux tristes, et toutes sortes de réponses du genre de celles-là. Suite aux réponses reçues, il m'est donc apparu clairement que l'immense majorité des gens ont beaucoup de difficulté à comprendre le sens du mot *découragement*. J'ai aussi constaté que pour la plupart des personnes à qui j'ai posé la fameuse question, il est évident qu'elles ne peuvent faire la distinction entre le découragement et la dépression.

Toutes les caractéristiques que m'ont données les personnes interrogées sur le découragement ont plutôt trait à celles de la dépression. Toutes les personnes me donnaient des descriptions de la dépression alors qu'elles étaient convaincues que les dites caractéristiques émises s'appliquaient aux personnes découragées.

S'il y a une énorme différence entre le courage et la témérité, il y a aussi une énorme différence entre le découragement et la dépression. De nos jours, la médecine éclairée a opté sagement pour définir la dépression comme étant une maladie réelle dont les causes peuvent s'étendre aussi bien à des désordres mentaux, émotifs, physiques ou tout simplement de l'environnement. Etant donc considérée pour ce qu'elle est vraiment, une maladie, d'origine psychique ou physique, la dépression, comme toute autre maladie, se soigne assez facilement. Donc, soyons bien clair sur ce point: la dépression est maladie du physique ou du psychique, ses causes ne sont pas toujours imputables à la personne dépressive, celle qui souvent malgré sa bonne volonté et ses efforts souffre, et, enfin, les caractéristiques pouvant déceler une dépression latente peuvent se définir par un visage abattu, de la tristesse, du défaitisme, le négativisme, jusqu'aux tendances suicidaires. Voilà ce qui concerne la dépression. Et étant donné le fait que le but de cet ouvrage ne concerne pas du tout la dépression, ses origines, ses symptômes et ses traitements, nous ne reviendrons plus sur le sujet jusqu'à la dernière page de ce livre. Nous demeurerons donc sur le seul terrain d'action visé par ce livre, soit le découragement et rien d'autre.

Alors, si les symptômes mentionnés précédemment ont plus de rapports avec la dépression que le découragement, comment pourrait-on donc définir le plus exactement possible ce qu'est le découragement? Dans les paragraphes qui vont suivre, nous examinerons quelques exemples qui nous aideront de façon pas mal simple à comprendre ce qu'est vraiment le découragement.

Considérons un premier exemple, celui d'un avion de ligne aérienne qui vole à une vitesse de mille kilomètres dans les airs. Soudain, suite à une panne d'énergie généralisée, tous les moteurs de l'avion, coupés de toute espèce de courant, arrêtent de fonctionner. Suite à cette panne très grave, comment va donc se comporter l'énorme bolide? Il n'y a pas tellement d'issues, sinon la seule logique dans un tel cas. Etant donné le fait que l'avion se trouve dans les airs, à plus de dix mille mètres d'altitude, et que tous ses moteurs sont en panne, il ne peut faire autrement que plonger vers la terre, vers le bas, et probablement la catastrophe. Voilà une assez bonne définition imagée du découragement.

Tant et aussi longtemps que de l'énergie permettait aux moteurs de notre avion de fonctionner, le bolide pouvait continuer d'aller de l'avant; il pouvait continuer de voler dans sa trajectoire assignée, ceci tout en assurant la sécurité des passagers se trouvant à bord. Mais dès que l'énergie ne peut plus se rendre aux moteurs, et ainsi les faire tomber en panne, l'avion ne pouvait plus continuer d'aller de l'avant. De ce fait, on peut conclure que, symboliquement, tout l'avion, se trouvant déconnecté ou débranché de sa source initiale d'énergie, tomba dans l'inactivité, ne pouvant plus poursuivre son action qui consistait à voler dans une trajectoire bien définie.

Voici un autre exemple qui nous permettra de mieux saisir le sens du découragement. Prenons le cas d'un homme d'âge mûr qui nage allègrement dans un lac ayant une profondeur d'une cinquantaine de mètres d'eau. Tant et aussi longtemps que le nageur effectue les gestes appropriés, soit ceux qui consistent à nager, et qu'il continue d'agir, d'avancer sur le lac, il peut alors être assuré de continuer de survivre, ceci même s'il se trouve en lieu contraire à sa nature.

Mais que se passe-t-il quand, soudain, le nageur de notre illustration se met en train de cesser d'agir, de nager. Aussitôt, il court le risque de couler à pic et de se noyer s'il persiste le moindrement dans son inaction.

On peut donc comparer le découragement au fait que notre nageur cesse soudain d'accomplir son action de nager. Etant sur un lac, le nageur n'a pas d'autre alternative que celle de continuer à nager s'il tient à la vie. Tant qu'il agit, qu'il nage, il assure sa survie; mais dès qu'il cesse d'agir, d'avancer, il ne recule pas mais il commence immédiatement à couler. C'est le même phénomène qui se produit dans ce cas que dans l'illustration précédente. L'avion aux moteurs en panne ne peut pas reculer et ainsi revenir à son point de départ. Non, soit qu'il continue de voler, d'avancer, ou qu'il tombe dans la catastrophe. C'est la même chose pour notre nageur. En cessant de nager, il ne peut logiquement pas reculer vers son point de départ, soit la rive d'où il est parti. Non, dès qu'il cesse de nager, d'agir, d'avancer, il n'a pas d'autre alternative logique, et en parfaite harmonie avec toutes les lois de la nature, que celle de couler à pic et d'aller ainsi vers la catastrophe.

Examinons un autre exemple, un dernier peut-être, mais qui nous touche d'un peu plus près. Cet autre exemple nous aidera à mieux comprendre tout le sens que peut revêtir le découragement.

Nous savons tous, ce dont nous sommes bien conscients d'ailleurs, que chacun de nous doit prendre soin de son propre organisme s'il veut continuer à vivre. Il y a des lois physiques auxquelles nous devons absolument nous soumettre si nous tenons à la vie, et surtout à vivre une existence satisfaisante. Des lois telles que la pesanteur, l'alimentation, le sommeil, la digestion, l'élimination, etc., sont essentielles, vitales même, pour assurer notre survie. Maintenant, que se passerait-il en nous si un beau jour, nous décidions de nous soustraire à l'une ou l'autre de ces lois vitales qui régissent notre organisme?

Admettons qu'un bon matin, notre système digestif décidait de cesser ses activités. Aurions-nous alors le choix de reculer en arrière, de revenir à notre état d'in-existence? Non, que notre système digestif cesse de fonctionner, d'agir ou d'avancer et nous n'aurions pas d'autre alternative que celle consistant à aller vers une mort certaine.

Admettons maintenant que, pour une raison ou une autre, nous décidions de braver la loi de la pesanteur, et, d'une façon téméraire, nous plongions tête première dans le vide après nous être jeté du toit d'un édifice de cent étages. Aurions-nous alors le choix de reculer et de revenir vers notre point de départ? Non, nous n'aurions pas d'autre alternative que celle d'aller vers une mort certaine.

Un fait est donc clairement établi ici en rapport avec l'une ou l'autre des lois physiques régissant notre organisme. Que nous ayons l'audace absolue d'en enfreindre une seule et c'est la mort certaine qui nous attendrait au prochain tournant. Nul ne peut penser pouvoir enfreindre une loi nous régissant, qu'il s'agisse de la loi de la pesanteur, de l'alimentation, du sommeil, de la digestion ou de l'élimination, et pouvoir s'en sortir indemne. En présence de ces lois vitales, notre organisme n'a absolument pas d'autre choix que de continuer d'agir, d'avancer en quelque sorte, en demeurant constamment en action dans le cadre de l'action prédéterminée, et d'obéir en respectant certaines de ces lois.

Dès que l'ovule féminin est fécondé par de la semence mâle, ce processus fantastique marque le point de départ vers un but bien défini: la production d'un être humain de grande valeur. Une fois que le processus de production est amorcé, il n'est absolument pas possible de reculer, autrement que par un avortement, ce qui, même là, produirait des déchirements ou des cicatrices intérieures — morales ou affectives — permanentes. De la fécondation au produit fini — l'humain adulte — le processus va poursuivre son action, va continuer d'agir sans fin. Il n'y a pas de recul possible; soit que le but soit atteint un jour, soit que le processus soit stoppé par la déchirure anormale, contre nature, de l'avortement.

Que dire maintenant du processus une fois que le bébé fera son apparition? Le but originel consistant à produire un être humain sera-t-il alors mené à bon terme? Non, même si l'humain vient de sortir du sein de sa mère, le processus de développement de l'humain est loin d'être terminé, ou mené à bon port. Le bébé devra continuer de se développer jusqu'au point de devenir un enfant, ensuite un adolescent, ensuite un adulte mûr. Mais même parvenu à l'âge adulte, on ne peut pas dire que le but soit atteint pour autant. Non, bien que le corps de l'humain ait atteint la maturité physique, il faut quand même que le processus de développement de l'humain continue d'agir, d'avancer, ceci pour assurer le développement de l'humain dans d'autres sphères de sa personne: développement visant à atteindre la maturité intellectuelle, développement pour parvenir à la maturité affective, développement pour atteindre la maturité spirituelle, poursuite de la croissance afin de saisir le plus parfaitement possible le stage de l'équilibre entre les quatre maturités de l'humain: physique, intellectuelle, émotive et spirituelle. On peut donc dire que le processus visant à produire un être humain, un adulte plein de maturité dans le plein sens du terme, est pratiquement illimité.

Contrairement aux animaux, le développement humain se déroule de façon constante et ininterrompue. Une fois qu'il a atteint la maturité physique, le processus de développement servant à produire un animal est arrivé à son terme, à sa fin, soit au produit fini complet. Mais il n'en va pas de même pour l'humain. Si nous considérons seulement le fait que le cerveau humain est doté de centaines de milliards de cellules et de possibilités de combinaisons de toutes sortes, et qu'il est prouvé scientifiquement que notre cerveau est construit de telle sorte qu'il serait apte à travailler durant une période minimale de soixante-dix milliards d'années, il est de ce fait notoire que le processus visant le développement d'un produit fini aussi complexe et prodigieux qu'un être humain se déroule sans fin.

Que nous démontre donc tout ce qui a été dit jusqu'à maintenant dans le présent chapitre? Comprenons-nous mieux maintenant quel sens profond peut revêtir la question qui consiste à savoir ce qu'est le découragement? Sommes-nous conscients du fait que, comme l'avion qui peut poursuivre son vol à condition que ses moteurs CONTINUENT de fonctionner, d'agir, d'avancer; que, comme le nageur qui, pour assurer sa survie en milieu anormal, doit absolument CONTINUER de nager, d'agir, d'avancer; que, comme notre organisme qui, pour assurer sa survie, doit absolument CONTINUER de se soumettre à des lois physiques bien établies et immuables; oui, comprenons-nous maintenant que si nous tenons absolument à assurer la poursuite du développement de notre être vers le produit fini auquel nous aspirons — un adulte mûr et équilibré — il nous faut absolument CONTINUER d'agir dans le sens du processus de développement de l'être fantastique que nous aspirons devenir.

La seule alternative qui se trouve en notre pouvoir si nous voulons continuer de nous développer dans toutes les formes de maturités possibles, est celle qui consiste à ne jamais cesser d'aller COURAGEUSEMENT de l'avant. Nous ne devons jamais cesser d'agir, d'avancer. Il n'y a pas de recul possible dans le processus amorcé visant notre formation. Nous allons de l'avant, nous CONTINUONS d'agir COURAGEUSEMENT, ou nous tombons, coulons vers la catastrophe.

À la lumière de tous les faits mentionnés, nous comprenons donc que le découragement ne consiste pas à avoir l'air abattu, comme le pense la plupart des gens mal informés. Si vous prenez le temps de regarder dans votre dictionnaire le sens qui est donné aux mots *"découragement"* et *"découragé"*, vous remarquerez que le découragement est tout simplement le contraire de courage, ou ce qui cesse tout à coup d'être courageux.

On dit d'un fil électrique qui n'a plus d'énergie vitale qu'il est *"dé-connecté"*, ou d'un grille-pain qui ne fonctionne plus qu'il est *"dé-branché"*. Il en est de même pour l'être humain qui cesse de continuer d'agir, de fonctionner, de se développer ou d'AVANCER dans la vie; on peut dire avec certitude de cet être-là, qui n'agit plus, ne produit plus, n'avance plus, qu'il est *"dé-branché"*, *"dé-connecté"*, ou *"dé-couragé"*.

Dans la course de l'existence, un être humain AVANCE, et ne peut absolument pas reculer. La raison d'être de la vie, c'est de produire des éléments productifs et essentiels pour le développement même de la vie. La vie nous a été communiquée pour que nous agissions et avancions à notre tour. Nous devenons utile dans la vie à la condition que nous continuions de voler, de nager, ou d'agir et d'avancer. Il n'y a absolument aucune espèce d'issue de recul pour l'être qui vit et respire. Soit que nous avancions COURAGEUSEMENT, soit que nous sombrions dans le découragement, ce qui est le fait d'être *"dé-branché"* ou *"dé-connecté"* de la vie.

En résumé, nous retiendrons ce point capital de la

question : "Qu'est-ce que le découragement?": le découragement, c'est l'état d'une personne qui n'agit plus, ne produit plus ou qui a tout simplement cessé d'avancer dans la course de la vie.

Chapitre 2

Un poison mental qui peut détruire l'être humain

Que le monde moderne a donc pu changer au cours des trente dernières années! Alors qu'il y a à peine trente ans, les hommes se faisaient presqu'un devoir de travailler honnêtement afin de subvenir aux besoins pécuniers de la maisonnée, que les maris et pères ne songeaient à peu près pas à abandonner femme et enfants, que les épouses et mères se faisaient un honneur d'être chastes et occupées dans leurs foyers, qu'il était humiliant pour quelqu'un de déclarer avoir des dettes, que le vol et l'homosexualité étaient à peu près considérés comme des déshonneurs, on dirait que notre société s'est empressée de faire maison nette de toutes ces manières de vivre il y a à peine quelques dizaines d'années.

Bien sûr, loin de moi la prétention de croire que le monde d'alors était meilleur. Depuis qu'Adam et Eve ont choisi la rébellion ouverte contre leur Créateur, il y a quelques six milliers d'années, les conditions humaines n'ont pas cessé de se dégrader pour atteindre finalement les proportions désastreuses connues à notre époque.

Mais lorsque je mentionne les changements effectués dans notre société au cours des trente dernières années, je veux surtout parler de changements tout à fait radicaux, des bouleversements humains qui n'ont aucune sorte de commune mesure avec ce qu'était le monde d'avant les trente dernières années. Je veux surtout parler de certaines valeurs morales qui ont été tout à fait balayées du contexte humain connu jusqu'alors. Bien sûr qu'il y avait des hommes cruels à l'époque, des hommes rudes qui n'avaient à peu près pas d'égard pour leurs épouses, et souvent encore moins pour leurs enfants. Cependant, bien que les maris durs existaient à l'époque, il était rare de voir tel mari avoir l'audace de balayer de sa vie, d'un seul coup, à peu près toutes les autres valeurs morales pouvant être innées à l'humain.

Mais à notre époque, il n'est pas rare de rencontrer un homme rude envers son épouse et qui, à la fois, ait l'audace d'abandonner femme, enfants, emploi, moralité, et manifester un sans-gêne aussi prononcé que celui consistant à se laisser simplement entretenir par ses semblables.

Bien sûr qu'il y avait des femmes de petite vertu antérieurement à ces dernières trente années, mais rarement voyait-on une femme balayer d'un trait des valeurs morales aussi vitales que la vie d'un petit être qu'on n'hésite plus à notre époque à sacrifier sur l'autel de l'avortement.

Bien sûr que les conditions de vie étaient rudes à une époque antérieure, et que l'emploi était rare pour les hommes. Mais, bien que l'emploi fusse rare, et les salaires minables, c'était très rare de rencontrer des hommes qui, froidement, déclaraient, à qui voulait les entendre, qu'ils avaient choisi de ne plus travailler et ainsi de se laisser entretenir par leurs semblables.

Bien sûr qu'il y avait à l'époque des personnages dont la moralité laissait à désirer. Il y avait des homosexuels, des lesbiennes, des violeurs et d'autres individus du genre. Cependant, de tels individus étaient toujours mal vus par leurs semblables et eux-mêmes, bien souvent, finissaient par avoir honte de leurs actes répugnants.

Mais notre société actuelle a changé dans le sens que les êtres immoraux de notre temps n'éprouvent même plus de remords ni gêne pour la conduite immorale qu'ils ont adoptée. Bien plus, cette sorte d'individus se transforment en vedettes du jour au lendemain dès que leur mode de conduite devient connu des gens.

Je suis à peu près persuadé que plusieurs lecteurs ne vont pas hésiter à me qualifier de moraliste. Le présent livre n'a pourtant pas comme objectif de changer tout à fait le comportement des lecteurs qui pourraient être tentés de crier au moraliste. Si j'ai pris soin d'inscrire certains changements de moralité qui se manifestent abondamment à notre époque, le but visé par cette attention a simplement comme objectif d'attirer l'intérêt du lecteur sur un état humain que tous peuvent constater. Si les faits mentionnés plus haut n'ont pas pour objectif d'effectuer une sorte de conversion de l'humanité, ils ont été cités aux seules fins de pouvoir apporter quelques éclaircissements sur le sujet qui nous intéresse dans le présent livre: *Comment vaincre le découragement.*

Tel que mentionné dans le premier chapitre, nous considérons comme un fait établi que lorsqu'un individu cesse d'agir, qu'il abandonne la course de la vie, cet individu sombre du fait même de son abandon, dans un état appelé *découragement.* Comme il ne peut y avoir de recul dans la course de la vie humaine, laquelle ne va que dans un seul sens — le sens de l'action positive et du progrès —, l'être qui cesse d'agir, ou qui ne *continue* pas de poser des actes loyaux, honnêtes et positifs dans le sens de son développement et son perfectionnement, cet être-là tombe en chute libre dans l'état défini comme *découragement.*

Si j'ai pris soin d'attirer l'attention du lecteur sur les nombreux états de décadence que l'on constate un peu partout à notre époque, ceci a pour but précis d'établir une sorte de terrain d'entente sur la forte influence négative qui peut nous entourer de toutes parts de nos jours.

Il est relativement facile de pouvoir résister à une seule influence négative qui pourrait se manifester par-ci et par-là. Par contre, il est très difficile de lutter contre un énorme courant de négativisme qui est alimenté de toutes parts par une société déchaînée. Voilà donc le point-clé que je voulais souligner en attirant l'attention du lecteur sur les conditions prévalantes de notre temps. Démontrer jusqu'à quel point il pouvait être dur de *continuer* d'agir courageusement dans le sens du bon, du bien, du logique, du raisonnable, du pratique, du positif, quand, en même temps, l'être de coeur doit résister par la lutte acharnée au grand relâchement généralisé actuel.

Prenons l'exemple des pluies acides qui tuent tant de nos magnifiques lacs à notre époque. Bien qu'il y ait eu des usines, dont les cheminées crachaient des tonnes de poussières chimiques, au siècle dernier, leur nombre, relativement minime, ne causait pas tellement de dommages à nos cours d'eau et à nos lacs. Mais que dire des pluies acides des toutes dernières années? Elles sont tellement toxiques que le nombre de lacs qui sont morts et qui continuent de mourir est quasiment catastrophique. Et pourquoi y a-t-il plus de lacs qui meurent ces dernières années, beaucoup plus nombreux et plus rapidement qu'au cours des dizaines d'années antérieures? Tout simplement parce que le nombre des cheminées d'usines qui crachent leurs poisons ne cessent d'augmenter.

Que dire maintenant du cancer, ce fléau moderne qui est l'un des principaux meurtriers humains depuis les toutes dernières dizaines d'années. Comment se fait-il que bien que les consommateurs aient pu absorber certains produits chimiques autrefois, le fléau du cancer était à peu près inconnu? Tout simplement parce que le nombre des produits chimiques absorbés dans l'alimentation était beaucoup moins élevé. Donc, c'est le plus grand nombre de produits chimiques se trouvant dans les aliments, et dans l'air respiré, qui a contribué à créer un fléau aussi déplaisant que le cancer.

Toutes ces règles qui s'appliquent dans la tuerie de nos rivières et nos lacs, et qui contribuent à tuer nos chers parents par le fléau du cancer, oui, toutes ces règles, dis-je, sont tout autant applicables au niveau du courage et du découragement. C'est à force de voir s'accroître le nombre des facteurs humains négatifs à notre époque si un fléau tel que le découragement peut faire tant de ravages au niveau des coeurs, des esprits et du moral humain.

Un mari qui abandonne femme et enfants ne mérite pas que toute l'opinion publique soit ameutée. Mais que dire lorsque, presque soudainement, à peu près cinquante pour cent de nos maris et pères abandonnent femmes, enfants et foyers?

Un seul individu qui, ayant quelques difficultés à se

trouver de l'emploi, cesse de chercher, ne mérite pas que toute l'attention de la population soit éveillée à son égard. Mais que dire lorsque, de façon à peu près soudaine, l'attitude à l'égard du travail honnête se trouve tant perturbée qu'il devient quasiment gênant à notre époque de persister dans l'honnêteté d'un emploi digne et recommandable?

Oui, l'ambiance que nous constatons à notre époque au niveau humain en est une de profond découragement. Quelle maladie pourrions-nous donc nommée à ces hommes qui abandonnent leurs foyers, à ceux qui refusent peut-être de travailler, à ceux qui font usage de drogues, à ceux qui persistent dans leur alcoolisme, à ceux qui rejettent l'honnêteté, à ceux qui végètent dans leurs malheurs, sinon la maladie du découragement?

Dès que l'humain cesse d'agir positivement dans le sens de son développement sain et positif, autant pour sa propre croissance que pour celle de tous ses semblables, on peut dire que, comme l'avion dont les moteurs sont en panne et le nageur qui cesse de nager et qui coule à pic, cet humain-là, donc, tombe aussi en panne et sombre dans le découragement. Si c'est le courage qui nous pousse à jouer pleinement et positivement notre rôle au sein de la communauté humaine, le contraire devient donc aussi vérifiable: c'est le manque de courage, ou le découragement qui handicape l'humain au point de l'inciter à cesser toute action positive et juste.

L'esprit humain peut se comparer à une éponge. Plongez une éponge dans un seau rempli d'eau et l'éponge se remplira vite de la sorte d'eau se trouvant à l'intérieur du seau. Si l'eau du seau était propre, l'éponge se remplira d'eau propre. Par contre, si l'eau du seau était sale et remplie de produits chimiques forts, tel sera aussi le contenu que l'éponge aura absorbé.

Plongez un être humain dans un milieu donné et il ne tardera pas à façonner son être entier de la substance même de la communauté dans laquelle il aura été immergé. Mais que peut-on espérer recueillir d'humains qui sont sans cesse plongés au sein d'une communauté dont le relâchement dans les principes justes et positifs s'est tant accentué au fil des quelques dernières dizaines d'années que notre monde n'est à peu près plus reconnaissable, sinon une forte tendance au découragement, ou au manque de courage pour poursuivre la course du bien, du vrai, du développement sain et équilibré?

Voilà donc la principale raison d'être de cet exposé: vous soumettre toutes sortes de renseignements, dont l'auteur a été abondamment témoin au fil des ans, des faits qui vous démontreront que même si nous sommes peut-être forcés de vivre au sein d'une société déchaînée contre à peu près tout ce qui est vrai et positif — une société découragée de poursuivre la course du sain développement humain — il est quand même possible de générer assez de courage pour stimuler l'être de coeur à *continuer* d'agir *courageusement* dans le sens du bon, du bien, et de l'action positive.

Chapitre 3

Tout le tort que peut causer le découragement

Ce qu'il y a de plus désastreux dans le découragement, c'est que la personne qui en est atteinte ne s'en aperçoit à peu près pas. Le découragement ressemble au cancer en ce sens qu'il agit sournoisement à long terme au niveau du mental de l'humain sans que, bien souvent, la personne porteuse de ce virus détestable ne soupçonne sa présence au sein de ses facultés mentales. Et puis, un beau jour, le mal éclate pour de bon et la personne atteinte, sans trop savoir pourquoi, se trouve plongée jusqu'au cou dans toutes sortes de difficultés au sein desquelles elle a bien du mal à se remettre.

Une personne peut paraître joyeuse, enthousiaste, positive même, et, sans qu'elle en soit consciente le moindrement, elle pourrait être identifiable dans l'armée des nombreux découragés qui hantent lamentablement notre pauvre planète.

N'oublions pas ce qui est clairement ressorti du

premier chapitre concernant la réponse à la fameuse question à propos de savoir ce qu'était le découragement. Au risque de me répéter, je crois approprié de reprendre le fait ressorti au sujet du découragement, à savoir que le fait d'avoir l'air abattu n'avait pratiquement aucun rapport avec le fait d'être découragé. Le découragement, donc, n'a pas de rapport avec la dépression; mais signifie plutôt l'état d'une personne qui *cesse* de *continuer* d'agir positivement dans la poursuite d'un but valable et bien précis, à savoir la production d'un être humain de grande valeur pour tous, autant pour l'être en production même que pour toute la communauté.

En tenant compte de ces quelques répétitions à propos de savoir ce qu'est au juste le découragement — soit le fait de *cesser d'agir* — il est évident que de nombreux lecteurs, même sans en être conscients, auront peut-être décelé en eux une certaine tendance à la maladie. Peut-être bien que d'autres aussi auront remarqué jusqu'à quel point ils étaient atteints de ce cancer mental que peut être le découragement.

Maintenant que nous saisissons mieux ce que signifie le fait d'être découragé, soit *cesser d'agir* vers la poursuite d'actions positives et valables, nous examinerons dans le chapitre présent les nombreux ravages subtils que peut causer le découragement à l'humain. Mais afin de bien saisir l'étendue ainsi que l'importance des dégâts causés par le découragement, nous considérerons cette "maladie de la volonté" comme une sorte de cancer mental. Et, tel un véritable cancer, nous verrons, à travers les chapitres à suivre, de quelle façon logique et harmonieuse, il est tout à fait possible, à qui le veut vraiment, de vaincre une fois pour toutes la terrible maladie.

Dès qu'un être humain fait son entrée dans le monde en pleine action des vivants, il ressemble à un chercheur d'or. Nous savons bien qu'un chercheur d'or ne doit jamais cesser de faire des trous dans le sol s'il veut à tout prix mettre enfin la main sur le filon tant convoité qui fera de lui un homme riche un jour.

Des millions d'êtres humains ont de tout temps foulé le sol de notre planète, mais peu nombreux sont ceux qui ont pu enfin découvrir un filon d'or qui a transformé ces chercheurs en millionnaires. Pourtant, à première vue, tous les hommes se ressemblent beaucoup. Mais comment se fait-il que, malgré le fait qu'à peu près tout le monde soit passé à peu près au même endroit sur la terre, seuls quelques individus ont réussi à découvrir des filons d'or dont certains conduisirent leurs découvreurs vers des mines au rendement inestimable ainsi qu'à la richesse?

La réponse à cette question est très simple. Certains hommes sont devenus riches en découvrant des filons puis des mines d'or tout simplement parce qu'ils ont creusé des trous dans le sol et qu'ils n'ont jamais cessé de creuser, ou n'ont *jamais cessé d'agir*.

La même chose s'est de tout temps produite au niveau des inventions de toutes sortes. Comment se fait-il que, malgré le fait que les éléments ayant mené à toutes sortes d'inventions aient toujours été à la portée de *tous* les humains, seuls quelques hommes sont parvenus à la grande renommée du fait d'avoir fait de grandes découvertes ayant conduit à des inventions qui nous rendent d'innombrables services à notre époque?

Que dire de l'électricité, la radio, l'avion, la télévision, le téléphone, l'horlogerie, l'atome, etc. Les éléments de base ayant servi à toutes ces inventions ont toujours été à la portée de *tous* les humains, mais seuls quelques hommes, tels Bell, Thomas Edison, Albert Einstein, et les autres, sont parvenus à assembler les éléments qui ont mené à des inventions fantastiques et fort utiles.

Oui, pourquoi seuls quelques humains ont-ils pu faire des inventions prestigieuses alors que tout était à la portée de tous les humains? La réponse à cette question la voici: si seuls quelques humains sont parvenus à inventer des choses à partir d'éléments déjà existants, la raison en est que ces grands inventeurs étaient des *chercheurs*. Oui, tous ces grands hommes étaient des *chercheurs*, c'est-à-dire des hommes d'action, qui ne cessaient jamais de travailler, de chercher; des hommes qui poursuivaient *courageusement* leur noble mission sans se laisser nullement abattre, ou décourager par les gens oisifs de leur temps.

Bien sûr, ces grands hommes sont morts, me direz-vous. Cependant, bien que morts, ces chercheurs vivent encore parmi leurs découvertes fantastiques qui nous agrémentent tant la vie tout en nous rendant des services parfois inestimables. Quel genre d'existence connaîtrions-nous sans ces chercheurs actifs, positifs, courageux? Quelles conditions de vie aurions-nous si ces hommes valeureux n'avaient pas exploité à fond la perception aiguisée des choses qu'ils anticipaient dans leur imagination fertile et que leur volonté courageuse a fait en sorte que tels rêves deviennent réalité, ceci pour notre plus grande satisfaction? Même si la plupart des inventeurs sont morts, il est certain qu'ils ont connu le mode de vie satisfaisant qui n'est propre qu'aux seuls individus qui ressentent les joies inconnues du commun des mortels que celles issues de la découverte. Les individus moyens profitent des découvertes, mais les chercheurs, eux, éprouvent, du fait de leurs découvertes, des joies absolument insoupçonnées des êtres ordinaires.

Quelles sortes de résultats auraient connus les grands inventeurs s'il fallait que le découragement ait eu raison de leur volonté? Quelles sortes de découvertes auraient bien pu faire ces chercheurs si, après avoir accumulé des centaines, voire des milliers d'échecs, ils aient décidé de cesser d'agir, d'abandonner leurs recherches, étant vaincus par les tentacules de ce cancer mental qu'est le découragement?

Qu'il s'agisse de chercheurs d'or ou de chercheurs

de nouvelles inventions, les gens qui réussissent dans ces domaines, et qui rendent les plus grands services à l'humanité toute entière, sont des êtres de coeur, d'action, de persévérance et de courage qui *ne lâchent jamais* la tâche entreprise. Tous ces chercheurs aboutissent finalement à des résultats tout simplement parce qu'ils *continuent* sans chanceler jusqu'à l'objectif visé.

Revenons maintenant à notre illustration d'un humain qui, dès qu'il fait son entrée dans le monde, est comparable à un chercheur d'or. L'être humain qui veut mener à bon terme la poursuite de l'objectif qui se trouve en production en lui, c'est-à-dire la formation d'un être humain formidable, productif, de grande valeur pour toute la communauté, un être heureux, se doit donc de toujours se comporter tel un chercheur d'or qui s'est fixé fermement comme objectif de découvrir à tout prix un filon d'or qui le mènera directement à une mine d'un or de grande qualité.

Maintenant, qu'est-il requis du chercheur d'or, de l'inventeur, ou de l'être humain qui veut à tout prix devenir la perle d'or qu'il aspire devenir? Du *courage* afin de *continuer* d'agir. Oui, du courage pour continuer. Car dès l'instant où le chercheur manque de courage pour continuer son action consistant à chercher, il devient vaincu par le découragement et, ainsi, n'est plus en mesure de continuer. Dès que le cancer mental qu'est le découragement s'empare de l'esprit d'un individu, ce dernier devient automatiquement un lâcheur.

Il faut avoir beaucoup de courage pour produire un excellent mari, un époux fidèle et de coeur, à partir d'un être humain. Il faut beaucoup de courage à une femme pour qu'à partir de l'être humain qu'elle est, elle puisse devenir l'épouse aimante et aimée qu'elle aspire devenir un jour. Que l'objectif visé soit de devenir un bon mari, une bonne épouse, un bon père, une excellente mère, un employé qualifié, un chanteur recherché, un musicien talentueux, un écrivain utile, un fermier efficace, il importe absolument d'être bien conscient qu'aucun de ces objectifs formidables ne peut s'atteindre autrement que par l'action positive et constante effectuée par des êtres de grand coeur, des êtres absolument remplis de *courage*. Dès qu'une personne cesse d'être courageuse dans la poursuite de l'un ou l'autre des objectifs ci-dessus mentionnés, elle devient automatiquement handicapée par le découragement et, de ce fait, peut être logiquement qualifiée de *lâcheur*.

L'être humain que nous sommes, créé à l'image et à la ressemblance d'un Créateur d'action, d'un Dieu positif, logique, raisonnable, d'un Père qui a un grand but pour toute son oeuvre créatrice, cet être créé à l'image d'un tel Dieu n'a certainement pas été fait aux seules fins de vivre en lâche, en égoïste, en raté, en défaitiste, en découragé. Non. La seule pensée du cerveau prodigieux que nous possédons à l'intérieur de notre tête devrait nous convaincre de la grandeur du but que notre Créateur a fixé d'avance pour l'humain que nous sommes.

Et que nous faut-il pour pouvoir poursuivre le merveilleux chef-d'oeuvre de paix, de bonheur et de grande valeur qui est constamment en production en nous? Du *courage*, oui du *courage* afin de ne jamais abandonner le merveilleux et prodigieux travail dont le processus est solidement amorcé en nous.

La seule raison d'être de l'humain sur cette terre consiste à rendre gloire à l'Auteur des magnifiques chefs-d'oeuvre qui nous entourent. Notre raison d'être a aussi pour mission de produire un être superbe qui, tout en poursuivant son glorieux développement, contribue au bonheur de tous ses semblables, prend soin de la création qui nous entoure et conserve sans cesse une bonne conscience devant l'Auteur de nos jours. Et que nous faut-il pour continuer la poursuite de cet objectif divin qui est solidement implanté en nous? Du *courage* pour ne jamais cesser *d'agir* dans le sens du bien, du bon, du beau, du pur, de la paix, de l'amour et du bonheur de tous les êtres qui nous entourent.

Dès l'instant où le découragement met pour ainsi dire ses gros pieds sales dans notre intérieur mental, cette espèce de cancer subtil et mortel ne fait pas autrement que nous couper tout à fait de la source d'énergie vitale qui nous est tant essentielle afin de poursuivre notre digne mission, afin de *continuer* d'aller courageusement vers le but ultime de notre raison d'être sur cette terre.

L'autre jour, à cause des effets d'une grosse

tempête, tout le Québec fut privé d'électricité durant plusieurs heures et même quelques jours dans certains cas. On pourrait bien comparer le découragement à une grosse tempête qui s'infiltre et qui souffle dans le domaine des facultés mentales d'une personne. Si la tempête de l'autre jour eut pour effet de causer une immense panne de courant, il en est de même du découragement une fois qu'il se met à souffler des bourrasques en nous. Tout comme le gros vent, le découragement peut causer cette sorte de panne qui nous coupe automatiquement de la source d'énergie vitale, la seule énergie qui puisse permettre à un être humain de *continuer* de mener *courageusement* le seul mode de vie tracé, valable et bénéfique que doit poursuivre constamment l'humain que nous sommes.

On pourrait encore comparer l'être humain que nous sommes à un arbre fruitier planté par un jardinier. Un jardinier qui décide de planter un arbre fruitier poursuit assurément un but en plantant tel arbre, autrement il ne se serait pas donné la peine de planter quoique ce soit. Le jardinier promulgue toutes sortes de petits soins à l'arbre, jusqu'au jour où l'arbre parvient enfin à l'âge adulte, à l'âge de produire des beaux fruits. Mais comment réagira le fermier s'il se rend compte que l'arbre en question, auquel il a accordé tant d'attention et de soins, ne produit aucun fruit, ou s'il en produit, il ne s'agit que de fruits de très mauvaise qualité, des fruits pourris? Le jardinier va-t-il conserver cet arbre nuisible, où va-t-il plutôt le couper, le brûler au feu et le remplacer par un autre arbre, de meilleure qualité que celui-là?

Il en est de même pour l'être humain que nous sommes. Est-ce-sans raison que nous soyons construits de manière différente aux centaines de milliers d'espèces de bêtes et de plantes qui nous entourent? Quelle est notre raison d'être? Nous lamenter, nous entretuer, engendrer des enfants et les abandonner, quitter nos conjoints et nos foyers, ne rien faire de nos mains, nous laisser vivre, nous adonner au vol, au meurtre, à l'immoralité? Si telle était notre raison d'être, Dieu avait-il alors besoin de nous équiper de tant de magnifiques possibilités mentales, morales, intellectuelles et spirituelles?

Nous ne devons jamais cesser de reviser dans notre pensée notre raison d'être, soit de travailler à embellir tout ce que nous touchons, engendrer des enfants, les éduquer, en prendre soin et les rendre heureux; nous unir à un conjoint, l'aimer, lui être fidèle, le respecter; nous adonner à un emploi productif et valable afin de pourvoir aux besoins des nôtres tout en faisant du bien à notre communauté; aimer nos frères les humains, les soutenir dans leurs épreuves, les édifier, les encourager, leur pardonner leurs faiblesses; vivre honnêtement, loyalement; être moralement chaste, digne de confiance en toutes choses, voilà en quelques mots notre raison d'être sur cette planète. Et de quoi devons-nous absolument être équipés pour pouvoir mener à bonne fin la poursuite du perfectionnement constant de notre devenir? De *courage!* Oui, de beaucoup de *courage.*

Chapitre 4

Rien ne sert de briser l'appareil

Toute une famille est assise dans le salon en train de regarder un très beau film qui passe à la télévision. Soudain, alors que le déroulement du film se trouve en plein suspense, la télé tombe en panne. Comment devra réagir le chef de famille, s'il est le moindrement raisonnable? Va-t-il se choquer, et, dans un violent excès de colère, va-t-il démolir l'appareil à coups de pieds, de poings et de hache? Non, bien sûr, un homme normal n'aura pas ce genre d'attitude, ceci même si sa télé tombe en panne au beau milieu d'un excellent film.

Un jour, un voisin eut pourtant le genre de réaction anormale décrite plus haut. La même chose lui est arrivé avec sa télé, et, plutôt que de faire appel à un réparateur, il démolit l'appareil et l'expédia tout de go aux vidanges. Le lendemain matin, un autre voisin, apercevant l'appareil au beau milieu des détritus, alla voir le voisin coléreux et lui demanda la permission de récupérer le poste. Encore sous l'effet de sa mauvaise humeur de la veille, l'homme autorisa l'autre voisin à ramasser l'appareil tout en lui disant qu'il pouvait bien faire ce qu'il voulait avec cette espèce de *guenille*. Ce que s'empressa de faire ce dernier en prenant bien soin de prendre l'appareil et de l'apporter chez lui.

Voyons maintenant la fin de l'histoire. A force de patience, le voisin qui récupéra l'appareil parvint à le remettre tout à fait en bon état, et, deux semaines plus tard, ce sage bricoleur avait réussi, pour moins de trente dollars et une quarantaine d'heures de loisir. La télé fonctionnait aussi bien qu'une neuve dans le salon du voisin avisé.

Un homme et sa petite famille se dirigeaient allègre-ment en automobile vers le Sud des Etats-Unis. Soudain, suite à une certaine mésentente avec son épouse, le voyageur décida, comme ça, de faire demi-tour et de s'en retourner chez lui. Il s'agit ici d'un très bref récit illustrant comment un homme illogique, suite au découragement causé par un conflit conjugal, choisit de briser un magnifique voyage plutôt que de poursuivre courageusement son périple.

Voici l'histoire de deux frères, issus d'un même père et d'une même mère, ayant des avantages à peu près identiques, mais qui n'ont pas connu les mêmes résultats dans l'expérience suivante qu'ils ont vécue tous les deux à peu près en même temps.

Un beau jour, plus précisément en automne 1965,

les deux frères, d'un commun accord, décidèrent de cesser de fumer. Il faut dire que les deux jeunes pères fumaient comme des engins, ce qui, il va sans dire, les handicapait au plus haut point au niveau du souffle et du budget. Voici le genre de pacte très intéressant qu'avaient conclu ces deux frères: ils avaient pris l'engagement de déposer à la banque tout l'argent qu'ils gaspillaient en fumée. Bien entendu, les deux avaient chacun leur propre compte de banque, ceci afin d'éviter tout compromis toujours possible de se produire quand des questions d'argent interviennent entre parents. De plus, les deux frères avaient convenu d'ajuster les dépôts qu'ils effectueraient à la banque en tenant compte des augmentations futures concernant le coût du tabagisme.

Bien entendu, nous savons tous comment il peut être difficile de cesser de fumer lorsque l'organisme est tout intoxiqué par la nicotine. Aussi, est-ce dû peut-être à cette raison si l'un des deux frères ne parvint pas à résister plus d'une semaine au pacte qu'il avait pourtant sciemment convenu avec son parent.

Par contre, l'autre frère, le courageux, persista dans l'entente convenue et, toujours très courageusement, il déposa régulièrement, chaque semaine, dans un compte à intérêt composé, tout l'argent qu'il aurait pu gaspiller en fumée. Examinons maintenant à quels résultats contraires sont parvenus les deux frères de ce récit authentique.

Il n'est certainement pas nécessaire de vous dire

que pour ce qui est du "lâcheur", le découragé, les résultats furent bien minces. Ayant cessé de fumer durant à peine une semaine, ses économies se montèrent à environ dix dollars, ceci en tenant compte des prix pour le tabagisme en 1965.

Voyons à présent les résultats obtenus par le courageux frère. Considérant le fait que cet homme courageux avait déposé régulièrement en banque tout l'argent qu'il aurait pu gaspiller en fumée, et tenant compte de l'ajustement des prix au fur et à mesure des augmentations constantes, aussi, ayant déposé tout cet argent économisé dans des comptes qui procuraient les meilleurs rendements; finalement, n'ayant retiré aucun centime de l'argent économisé jusqu'en 1980, c'est-à-dire quinze ans plus tard, le courageux frère se retrouva avec, retenez bien votre souffle, la coquette fortune de $30,000.00 Oui, vous avez bien lu: *trente mille dollars!* Ce qui permit à cet homme courageux de payer *comptant* la maison de campagne dont il rêvait depuis quelque temps déjà.

Mais l'histoire positive, et rentable, de ce frère courageux ne se termine pas là. Trois ans après avoir acheté comptant la maison qui lui avait fait envie, il la revendit pour la jolie somme de $55,000.00 ce qui signifiait un autre profit net de $25,000.00, exempt de tout impôt.

Voilà comment s'est finalement terminée une simple histoire de tabagisme. En moins de vingt ans, un homme *courageux* réalisa une économie nette de *cinquante-cinq mille dollars* du seul fait d'avoir persisté courageusement dans la poursuite d'un choix et d'un objectif bien précis.

Qui pourrait avoir l'audace de parler de prétendue "chance" dans le cas qui vient d'être relaté? Ne devrait-on pas plutôt dire que la chance de cet homme est le produit de son *courage*? Bien sûr que n'importe lequel fumeur aurait pu en faire autant en 1965. Mais combien l'ont fait? Ou plutôt, combien de fumeurs auraient eu le *courage* de persévérer jusqu'au bout dans la poursuite d'un but fort légitime?

Maintenant, voici de quelle façon se termine, après vingt ans, l'histoire du frère lâcheur. Etant un grand faible, ne tenant absolument pas ses engagements, ce lâcheur finit par s'adonner à toutes sortes d'autres vices qui lui coûtèrent argent, emplois, femme et enfants. Aujourd'hui, arrivé à tout près de cinquante ans, le lâcheur végète des faibles rentes du bien-être social et passe ses journées à maudire la vie et tous ceux qui sont parvenus à la réussite de leur vie. A ses yeux, la vie est toute tracée d'avance pour les humains: d'un côté, il y a les gens qui réussissent, les "voleurs" et les "chanceux" comme il les appelle; et de l'autre côté, il y a les gens honnêtes, les pauvres et tous ceux qui n'ont jamais été visités une seule fois par la chance.

Examinons une autre histoire authentique qui servira à bien illustrer toute la différence pouvant résulter des efforts d'une personne courageuse si on les compare aux échecs d'une personne découragée, une personne qui lâche, qui refuse de persévérer dans la poursuite d'un objectif louable et fort légitime.

Dans les années '50, une excellente fille épousa le garçon qu'elle aimait de tout son être. Les premières années de mariage furent en tous points heureuses. Mais un beau jour, le mari, changeant d'emploi, décida de s'associer dans les affaires avec des hommes ne valant rien sur plusieurs plans. Bien entendu, l'association aidant, le mari en question se mit à boire plus que de raison, au point qu'il devint un gros alcoolique. Inutile de dire la somme de souffrances qu'a pu subir la pauvre femme en compagnie d'un tel ivrogne.

Au début des années '60, de nombreuses personnes, de bonne foi, suggérèrent à la pauvre femme d'abandonner une fois pour toutes un tel alcoolique qui, toujours selon les dires des bonnes femmes, ne causait que du chagrin et des ennuis à cette femme qui ne le méritait absolument pas.

Bien sûr, les conseillères avaient parfaitement raison. Il n'y a à peu près rien de pire qui puisse arriver à une femme que de partager son existence avec un alcoolique très actif. Cependant, les braves conseillères promulguaient conseils par-dessus conseils sans toutefois tenir compte du genre de "pauvre" épouse à laquelle elles avaient affaire. La femme en question était dotée d'un courage à toute épreuve, et, à ses yeux, elle était déterminée à sauver à tout prix le foyer qu'elle avait choisi de construire avec l'homme de sa vie.

J'ai rencontré de nombreuses épouses aux prises avec un alcoolique actif et laissez-moi vous dire qu'après avoir examiné soigneusement la plupart des cas-témoins, environ 75% des épouses concernées ont choisi de quitter cette sorte d'hommes détestables. Oui, il n'y a rien de pire qu'un mari qui passe son temps à s'enivrer, sauf peut-être un paresseux.

Revenons maintenant à la courageuse épouse de notre exemple. Se mettant en frais de sauver à tout prix son ménage, cette brave et fantastique femme usa de patience, de beaucoup de longanimité, d'amour, de miséricorde, en somme de toutes les méthodes que l'on retrouve très rarement chez un être humain. Enfin, après avoir passé plus de cinq années à supporter, aider et encourager son mari, ce dernier se décida un bon matin de cesser de boire. Cette histoire véridique remonte à plus de vingt ans, et cela fait environ vingt ans que l'ex-alcoolique n'a pas pris une seule goutte de boisson. Etant doté d'une grande intelligence, cet homme, après avoir fort bien réussi dans ses affaires, est devenu un modèle de citoyen... et de mari à imiter.

Que dire maintenant des sentiments actuels de l'ex-pauvre épouse? Elle est largement récompensée de tous les efforts qu'elle a pu déployer pour parvenir à son objectif: sauver son mariage à tout prix. A l'heure actuelle, cette femme, devenue grand-maman, est certainement l'une des plus heureuses que je puisse connaître.

Peut-on dire que cette brave femme ait récolté de la chance, ou la prétendue chance n'est-elle pas plutôt la conséquence directe d'efforts *courageusement* soutenus en vue d'un grand objectif, d'un but légitime qui valait la peine d'être poursuivi?

Je connais assez bien deux hommes qui, il y a cinq ans, ont connu le malheur de perdre l'emploi auquel ils avaient travaillé durant une importante partie de leur existence. Aujourd'hui, après cinq ans, l'un des deux hommes dirige sa propre entreprise d'entretien d'édifices commerciaux. Il possède une maison avec une hypothèque très minime. Il roule en voiture de l'année et au moins trois autres pères de famille gagnent les nécessités de leurs maisonnées à cause de l'entreprise de l'homme en question.

Que dire maintenant de l'autre ex-employé qui perdit son emploi en même temps que le premier? Aujourd'hui, après cinq ans, il végète sur le bien-être social. Il se lamente constamment, ses enfants sont habillés par des gens charitables. Deux de ses enfants font de l'anémie, et son épouse, elle, déprimée à en faire pitié, s'accroche aux seules planches de salut qui lui restent: la télévision et la cigarette.

Voici comment les choses se sont déroulées dans les deux cas qui viennent d'être mentionnés. Une semaine après avoir été licencié, le premier homme trouva du travail à temps partiel durant la période des fêtes auprès d'un grand magasin à rayons qui avait absolument besoin d'un laveur de vitres. L'homme accepta d'un coup et, en moins de deux, il était en train de laver allègrement des vitres et encore des vitres. Une semaine plus tard, étant en train de travailler, l'homme concerné se voyait refuser des prestations d'assurance-chômage qu'il avait réclamées. C'était normal puisqu'il travaillait. Mais étant donné le fait qu'il s'agissait d'un emploi à temps partiel, cet homme travailleur laissa son dossier du chômage ouvert.

Durant toute la période des fêtes, notre laveur de vitres lava tant de vitres qu'il prit goût à cette aventure. Il y prit tellement goût qu'il proposa un contrat d'entretien à long terme au propriétaire du magasin. Ce dernier, très satisfait du travail effectué à date par cet employé rapide et méticuleux, n'hésita pas à lui confier le contrat soumis, et aux conditions du laveur de vitres par-dessus le marché.

Trois mois plus tard, l'influent propriétaire du magasin proposa à l'un de ses amis, très riche propriétaire de plusieurs centres d'achats, de magasins d'alimentation et de pharmacies, de confier l'entretien de toutes les vitres de ses établissements commerciaux à notre laveur de vitres. Ce que fit l'autre homme d'affaires dans les plus brefs délais. Avec les conséquences positives que vous connaissez.

Quant à l'autre ex-employé, il aurait pu s'il l'eut simplement voulu, s'associer au premier lorsque celui-ci lui en fit la proposition au tout début de l'emploi à temps partiel. Mais le type, un pas vaillant, un découragé, un débranché de la vie, refusa de s'embarquer, comme il l'a dit à l'époque. Ne voulant pas "nuire" à son chômage, il refusa l'emploi à temps partiel. Mais étant une espèce de paresseux, il attendit décourageusement, et attendit encore et encore, devant sa télé, ses cigarettes et sa bleue et ses chips, et il attendit ainsi que le temps passe jusqu'au jour où le dernier chèque du chômage se présenta dans la boîte aux lettres.

Et, de fil en aiguille, après la mise à pied, le chômage, et après le chômage vous devez certainement deviner la suite de la chanson moderne, une longue chanson devenue de plus en plus populaire au sein de la société des découragés qui hantent lamentablement notre pauvre planète.

Au cours des dernières années, j'ai compilé le récit de dizaines, voire de centaines d'expériences du genre. Des histoires à double sens qui établissent les tristes et heureuses conséquences provenant de deux états humains diamétralement opposés l'un de l'autre. Voici à quelles conclusions je suis finalement arrivé en ce qui concerne ces deux états. D'une part, la vraie vie, la réussite, la paix, la sécurité, le bonheur, la joie de vivre ne peuvent être le lot qu'aux seuls êtres *courageux*. Par contre, l'échec, la pénurie, la tristesse, les lamentations, le malheur, tout ça ne peut être que le lot légitime que doivent se résigner à recueillir les êtres *découragés*.

Il ne peut y avoir que deux seules issues logiques dans la vie: on poursuit *courageusement* la course de l'existence, vers des objectifs légitimes et valables, et ainsi on parvient à la récolte de résultats positifs, enrichissants, heureux; par contre, que l'on choisisse de s'abandonner *décourageusement* dans les draps du hasard et il ne reste plus qu'une seule cueillette à faire: des résultats tristes, démoralisants sur tous les plans, et malheureux.

La vie ne vous a donné qu'un citron! Alors, faites donc de la citronnade. La vie vous a privé de jambes! Alors, exercez vos deux bras. La vie vous a privé de la vue! Alors, exercez à fond votre ouïe. La vie ne vous a donné que des échecs jusqu'à date! Alors, servez-vous consciencieusement de ces échecs pour vous construire un escalier vers la réussite. La vie vous a affligé de gens qui, par leurs attitudes détestables, ne font que vous lancer des pierres de méchanceté! Alors, pourquoi ne pas vous servir de ces pierres pour asseoir les fondations de l'édifice de votre succès? La vie vous a affligé d'un corps ayant des défauts déplaisants! Alors, allez à la recherche de vos atouts cachés, développez-les et mettez ces atouts en valeur.

N'allez jamais penser que parce que notre planète est de plus en plus habitée par des individus découragés, des lâcheurs, des gens qui, tout en projetant de poursuivre un objectif louable,

53

abandonnent la course le lendemain, n'allez jamais penser que vous aussi devez absolument lâcher, abandonner, sombrer dans le découragement.

L'histoire de l'humanité est remplie de récits vivants, des récits véridiques qui sont à la portée de tous et qui nous enseignent de précieuses leçons sur le courage et son contraire, le découragement. De tout temps, les êtres courageux ont toujours été en minorité. Cependant, avec le recul du temps, le nom de combien d'êtres découragés avons-nous à l'esprit et pouvons-nous trouver dans nos livres d'histoire?

En son temps, Galilée, observateur, logique et intelligent, se rendit compte que la terre était ronde. Savez-vous de quelle façon négative réagirent les découragés de son temps lorsque le célèbre Galilée se mit à proclamer publiquement ses observations au sujet de la rotondité de notre planète? Les découragés, bien loin d'accueillir le savant comme un grand homme, le jetèrent en prison, le menacèrent de mort et le forcèrent finalement à se rétracter en public, ce qui sauva Galilée d'une mort certaine. Et qu'en pensez-vous vous-même, la planète Terre est-elle ronde ou plate comme l'enseignaient les chefs religieux de l'âge des ténèbres?

Que dire du Christ? Lisez attentivement les Evangiles et voyez vous-mêmes s'il était bien populaire en son temps. Maintenant, lisez attentivement son célèbre Sermon sur la Montagne et observez s'il ne s'agit pas là du guide le plus pratique dans la conduite du meilleur mode de vie humain qui puisse exister. Les individus négatifs et découragés mirent Jésus à mort, cependant son Père le ressuscita tel que promis le troisième jour après sa mort. Et de qui parlons-nous le plus aujourd'hui? Des chefs religieux et de leur suite de découragés, ou plutôt de Jésus, le Sauveur du Monde? Quel modèle mérite le plus d'être imité de nos jours? Celui de Caïphe, Pilate, ou tout autre découragé du premier siècle, ou plutôt le modèle positif et *courageux* que nous a laissé ce Jésus, le plus grand prophète de Dieu de tous les temps?

Durant la Seconde Guerre Mondiale, des milliers de véritables chrétiens furent mis en prison par le dictateur Hitler et ses fanatiques à cause du seul crime qu'on reprochait à ces croyants sincères: leur refus absolu de porter les armes et d'assassiner leurs frères les humains. Des deux camps, des êtres courageux, respectant au plus haut point la vie humaine, préférèrent passer de longues années en prison plutôt que d'abattre froidement leurs semblables. Mais aujourd'hui, quelque quarante ans plus tard, à quoi peut bien avoir servi cet holocauste répugnant qui mena plus de soixante millions d'humains à la mort? Le monde est-il devenu meilleur, plus propre, plus libre, après l'assassinat de ces dizaines de millions de vies?

Se décourager, c'est courir le risque de briser le délicat fonctionnement de l'appareil humain. Cesser de faire positivement le bien, et s'abandonner au découragement tout simplement parce que la plupart des lâcheurs abandonnent, c'est courir le risque de se briser de façon irrémédiable.

S'abandonner au découragement, c'est récolter l'échec alors que la victoire de la réussite se trouve probablement au prochain tournant de la vie, de votre vie. La plupart du temps, il suffit simplement de mettre un pied sur la première marche d'un escalier pour trouver ainsi soudainement assez de courage pour grimper jusqu'au haut de l'escalier.

Quel que soit l'objectif que vous poursuivez présentement, il se réalisera à coup sûr s'il est loyal et légitime. N'oubliez pas que tout ce qui, dans la vie, est réalisable, bon et légitime finit par se concrétiser un jour ou l'autre. Cependant, en tout, ce sont seulement ceux qui le méritent qui peuvent espérer récolter les réussites auxquelles ils aspiraient et auxquelles ils n'ont jamais cessé de déployer courageusement et talentueusement les efforts requis dans le sens positif de telles réussites.

Vous vous êtes fixé comme objectif principal de trouver l'emploi convenable et valorisant qui vous aidera à vivre convenablement; vous vous êtes fixé comme objectif de trouver le conjoint idéal qui, tout en enrichissant votre vie, vous permettra de découvrir puis de développer conjointement des facettes insoupçonnées de vos deux personnalités; vous vous êtes fixé comme objectif de perdre du poids; vous visez l'objectif de faire le voyage dont vous avez toujours eu envie; vous tenez absolument à éliminer une fois pour toutes les dettes de votre vie; vous visez le but d'abandonner le tabagisme; vous tenez absolument à vous défaire d'une habitude détestable et ridicule; vous voudriez bien rétablir les bonnes relations d'antan avec un parent qu'une certaine vieille querelle a séparé de votre existence; vous voulez apprendre une seconde langue; vous aimeriez mettre de côté des économies; quel que soit votre objectif, soyez absolument convaincu qu'il finira par se réaliser si toutefois vous êtes disposé à y mettre *courageusement* le prix des efforts intelligents, loyaux et constants.

Il y a deux façons d'obtenir quelque chose de la vie: le mériter loyalement, ou le voler. Considérant le sort qui est réservé aux voleurs de banque et aux paresseux, vous comprendrez qu'il est préférable de se mériter plutôt ce qui nous fait envie légitimement.

Si vous vous découragez et cessez de poursuivre courageusement l'objectif légitime vers lequel vous aspirez, alors sachez bien que la vie, oui la magnifique vie, comme une banque, ne verse des dividendes et des intérêts qu'aux seuls êtres *courageux* qui n'abandonnent pas, seulement à ceux et celles qui *ne lâchent jamais*.

POINTS SAILLANTS À RETENIR DE LA PREMIÈRE PARTIE DE CE LIVRE

Du chapitre 1

Le découragement n'a pas de rapport avec la dépression. Le découragement peut se définir comme l'état d'une personne qui cesse d'avancer courageusement dans la poursuite de quelque objectif que ce soit. Dès que les moteurs d'un avion cessent de fonctionner, c'est tout le bolide qui plonge vers la catastrophe. Dès que le nageur cesse d'agir, il se met à couler vers la mort. De même, dès qu'un être humain cesse d'agir avec courage et dignité, il cesse d'avancer et court irrémédiablement vers la catastrophe, vers la ruine de tout son magnifique appareil. Dans la course de la vie, de la vie qui va constamment dans un seul sens, il n'y a pas de moyen d'effectuer de retour vers l'arrière; soit qu'on choisisse d'avancer courageusement, soit qu'on cesse d'avancer courageusement, qu'on se décourage, et l'issue fatale est toujours au rendez-vous pour l'être qui choisit la seconde alternative.

Du chapitre 2

Dans notre société actuelle, au sein de laquelle les êtres découragés, lâcheurs et défaitistes se comptent par milliers et millions, n'importe qui serait tenté

d'abandonner, de cesser de poursuivre courageusement la route merveilleuse de l'existence. Les
attitudes négatives et bizarres émises par l'armée des
découragés de notre temps constituent un poison
mental mortel contre lequel l'être de coeur ne peut
opposer qu'un seul antidote vraiment efficace:
CONTINUER D'AVANCER COURAGEUSEMENT
vers la production la plus parfaite possible de l'être
humain qui est en développement en chacun de nous.

Du chapitre 3

Dès qu'un chercheur d'or cesse de creuser des trous
dans le sol, il réduit à néant ses chances de pouvoir
trouver de l'or un jour. Dès qu'un inventeur cesse de
faire toutes sortes de recherches, il réduit à néant ses
chances de pouvoir inventer quelque chose de pratique un jour. De même, dès qu'un individu cesse de
travailler courageusement à la formation de l'être
magnifique qui est en production en lui, il réduit aussi
à néant ses chances de produire la perle d'humain
dont il aspirait devenir le produit fini un jour.

Du chapitre 4

Cesser d'avancer et se décourager parce que c'est le
comportement le plus courant manifesté par les
humains, voilà ce qui est comparable au geste qui
consiste à détruire un appareil de télévision à cause du
seul fait qu'il est tombé en panne. Cesser d'avancer,
abandonner, manquer de courage, c'est détruire son
être en se résignant à rejoindre les rangs des êtres
découragés, de ceux qui hantent lamentablement
notre planète et qui, vers le soir de leur existence, se

contemplent le nombril dans un miroir tout en se demandant ce qu'ils peuvent bien être venus faire sur cette damnée Terre. Pourquoi s'abandonner au hasard, courir le risque de briser notre appareil, notre être, alors qu'une chose est absolument certaine avec la vie: tout ce qui est réalisable, bon et légitime se concrétisera un jour ou l'autre. Mais, telle une banque, la vie ne paie des dividendes qu'aux seuls êtres de coeur, et courageux, qui choisissent délibérément d'avancer courageusement dans la course de la vie, d'avancer vers des objectifs légitimes, valables, et qui méritent d'être atteints.

2e partie

Le
Courage
et
Soi-Même

Chapitre 5

Regardez-vous donc dans un miroir

Maintenant que nous sommes parvenus à établir certaines bases à propos de déterminer le plus clairement possible ce qu'est le découragement, le danger qu'une trop forte dose de découragement peut signifier pour l'être d'action, la nécessité de ne jamais abandonner courageusement la course de la vie, et aussi le fait qu'il n'est jamais avantageux de détruire notre propre appareil, nous voici mieux équipés pour la deuxième étape de notre propos: *Le courage et soi-même.*

Le monde qui nous entoure a beau s'adonner à toutes sortes d'attitudes négatives, détestables et nuisibles; le monde en général a beau envier, voire jalouser au point de détester les êtres courageux, de coeur et d'action; l'armée des découragés a beau joindre les rangs de la foule et gaspiller ainsi leur existence à végéter lamentablement dans les vastes marécages de l'échec, il est une chose cependant que tous les êtres découragés et négatifs de notre planète ne peuvent pas faire nous concernant: mettre leurs attitudes décourageantes à l'intérieur de notre tête.

Si vous avez déjà pris l'initiative d'avancer courageusement vers la poursuite d'un objectif valable et légitime, vous avez certainement été à même de constater jusqu'à quel point le nombre d'éléments négatifs qui travaillent sans cesse contre vous pouvait être immense.

Notre société malade et découragée n'aime guère être témoin de gens qui, à force de persévérance courageuse, manifestent la ferme intention de s'élever à des niveaux un peu plus acceptables pour les êtres que nous sommes. Notre société en général découragée va accepter tout individu qui, découragé lui aussi, ne manifeste aucune intention de lutte courageuse aux fins de s'améliorer. On dirait que plus un individu sombre en chute libre vers la décadence, plus il est accepté par l'armée des découragés. Par contre, dès qu'un individu lutte courageusement vers un objectif noble quelconque, il est immédiatement confronté à toutes sortes d'êtres découragés, qui se refusent à toute action positive, et des négatifs qui feront tout ce qu'ils pourront afin de ruiner la moindre particule de courage se trouvant chez l'être courageux.

Considérons seulement le domaine du travail. Avez-vous remarqué quel sort notre communauté peut réserver aux travailleurs? On dirait que plus un individu s'efforce de s'améliorer dans un domaine quelconque de l'emploi, moins il est apprécié de ses contemporains. D'abord, le fisc s'occupe de lui retirer la crème de ses gages. Ensuite, ce sont ses voisins qui vont se mettre à le détester, ou à le jalouser si jamais il se trouve à réussir mieux que les autres. Enfin, si jamais tel travailleur parvient à se mettre quelques économies de côté, il se trouvera bien quelqu'un pour lui rappeler qu'il faut être à tout prix un "voleur", un "bien nanti" pour avoir ainsi des économies alors que la majorité des humains végètent dans la pauvreté.

Que dire maintenant de l'alcoolique? S'il boit trop, tout le monde va lui dire de cesser de boire. Mais s'il décide d'arrêter de boire, alors on va le traiter de poule mouillée et les nombreux commerciaux de la télé vont se charger de lui rappeler constamment qu'il n'y a rien de drôle dans la vie à moins de savourer sa bleue, sa jaune, ou quoique ce soit d'autre.

Tant et aussi longtemps qu'une personne est obèse et s'alimente mal, on va se moquer d'elle, de sa corpulence et de ses mauvaises manies alimentaires. Mais qu'arrive-t-il quand, courageusement, telle personne se met à prendre soin de sa personne et modifie tout à fait ses mauvaises habitudes de vie? L'encourage-t-on afin qu'elle persiste dans sa bonne voie? Non, on la ridiculise la plupart du temps.

Avez-vous déjà vu un médecin insister à tout prix pour que ses patients prennent en mains leur santé et cessent ainsi d'être malades? Avez-vous déjà rencontré des gardiens de pénitenciers insister pour que les gens deviennent plus honnêtes, et qu'ils n'aient plus à faire de stages dans les prisons? Avez-vous déjà rencontré un fabricant de cigarettes faire campagne pour que sa communauté arrête de fumer? Avez-vous déjà rencontré des brasseurs de bière insister pour que tous les alcooliques de notre planète s'abstiennent absolument de toute gorgée d'alcool? Avez-vous déjà rencontré un pâtissier désirer que les gens cessent de se gaver de sucreries et qu'ainsi ils cessent de devenir obèses? Finalement, avez-vous déjà rencontré un manufacturier d'automobiles fabriquer une voiture dont la qualité de construction serait telle que l'auto en question pourrait durer cent ans, et être conduite à l'eau?

Toutes les allusions précédentes visent le but suivant: vous amener à bien comprendre qu'il va vous falloir laisser faire les autres, ou cesser de vous appuyer sur les commentaires des découragés, des lâcheurs, si vous tenez absolument à avancer courageusement dans la vie. Si vous tenez absolument à vous attirer l'approbation de tous vos semblables, vous n'avancerez à nulle part dans la vie. Bien sûr, vos semblables finiront bien par vous louanger un jour ou l'autre, mais ils le feront seulement une fois que vous aurez démontré votre véritable valeur. Soyez convaincu que tant et aussi longtemps que vous déploierez des efforts vers l'acquisition d'un objectif valable, la plupart des gens qui vous entourent se moqueront de vous, ils vous jalouseront, vous détesteront même. Alors, si vous tenez à avancer dans la course de la vie, il vous faut d'abord être absolument conscient de cette grande et drôle de réalité de notre drôle de monde.

Si vous tenez absolument à recevoir l'approbation de la foule, alors résignez-vous à ne pas avancer bien loin sur le chemin de l'amélioration de votre être. La foule, bien loin d'élever, étouffe tout effort positif d'amélioration vers le haut. Tenez-vous pour dit que si vous voulez avancer courageusement vers la poursuite de buts valables, il va vous falloir vous équiper de courage, oui de beaucoup de COURAGE. Vous, votre courage, et Dieu et la vie de votre bord, voilà les éléments fantastiques dont vous devez être équipé si vous tenez à aller vers l'amélioration constante de votre être.

Mais prenez courage: une fois que vous vous serez amélioré, dans le domaine légitime et raisonnable que vous aurez décidé, vous récolterez alors une pluie de riches bienfaits qui sauront bien compenser vos efforts, votre solitude ainsi que toute la méchanceté subie durant votre démarche courageuse.

Toute l'histoire du monde est remplie d'exemples démontrant jusqu'à quel point les êtres de coeur qui étaient désireux de produire des projets valables ont dû souffrir atrocement des railleries de leurs semblables. Cependant, ce que l'histoire du monde nous montre aussi, ce sont les merveilleux résultats qu'ont récoltés les êtres courageux qui n'ont jamais abandonné la poursuite d'un but valable et qui ont persévéré courageusement jusqu'au bout de l'engagement de tout leur être.

Saviez-vous que s'il n'eut été d'un homme courageux, un grand patriarche qui vécut il y a de cela à peu près quatre mille ans, aucun individu de notre époque ne pourrait fouler le sol de notre planète aujourd'hui?

L'homme dont je veux vous entretenir brièvement s'appelait Noé. Bien sûr, tout le monde a déjà entendu parler maintes et maintes fois de l'histoire de Noé, mais combien d'humains de notre temps sont disposés à bien se pénétrer de l'exemple de cet homme afin d'imiter courageusement sa manière courageuse de vivre?

Avant le déluge de Noé, la Bible raconte que les hommes étaient remplis de violence, que leurs coeurs n'étaient tournés que vers la malice et le mal; qu'ils étaient moqueurs, impies, matérialistes et égoïstes. Lorsque Dieu résolut d'effectuer un nettoyage essentiel sur la Terre, un seul chef de famille trouva faveur aux yeux de son Créateur. Noé, dit la Bible, était un homme juste, pieux, qui marchait avec Dieu en pratiquant courageusement le bien, cela malgré le fait que ses contemporains s'adonnaient à un mode de vie dépravé et diabolique.

Durant des dizaines d'années, le courageux Noé, sur l'ordre de Dieu, avertit ses contemporains de l'imminence d'un grand nettoyage. De plus, lui ayant été ordonné de construire un immense coffre dans lequel serait assurée la survie des humains et animaux, le courageux Noé se mit en devoir de faire TOUT ce que Dieu lui avait ordonné. Bien plus, Noé, malgré les railleurs et les moqueries, se fit un devoir de prêcher aux humains d'alors afin de les inciter à la repentance et les inviter à la survie. Et vous connaissez très bien la suite de l'histoire.

Maintenant, que ce serait-il passé si Noé avait cessé de se montrer courageux? Où serions-nous aujourd'hui si Noé, à cause de sa crainte de la foule, avait choisi de joindre les rangs de cette foule d'êtres découragés plutôt que d'obéir courageusement aux ordres divins? Bien sûr, ce courageux Noé n'était pas populaire avant le déluge; par contre, comme il a dû être apprécié lorsque toute sa famille sortit enfin de l'arche aussitôt après que les eaux se furent retirées du sol!

La Bible est certainement l'un des plus beaux livres de notre humanité. Ce livre regorge de récits fantastiques qui nous permettent de retirer toutes sortes de leçons courageuses qui ne peuvent faire autrement que stimuler l'être de notre époque qui aspire à la conduite courageuse d'un mode de vie valable et satisfaisant. Bien entendu, chacun est libre de croire ou pas aux récits renfermés dans la Bible. Mais que l'on y croit ou pas, chacun des récits bibliques a le pouvoir de stimuler vers l'action positive et courageuse. Donc, que peut-on penser d'un livre possédant un tel pouvoir?

Vous souvenez-vous de l'histoire de Daniel, ce grand prophète de Jéhovah qui fut amené en exil à Babylone et qui fut jeté dans une fosse remplie de lions affamés à cause du seul fait d'avoir persévéré courageusement dans la poursuite de sa foi. Et quel était donc ce crime méchant qu'avait bien pu commettre Daniel pour mériter d'être jeté ainsi dans une fosse remplie de lions féroces? Son seul crime, le voici: prier son Dieu Jéhovah trois fois par jour. Combien de découragés de notre époque accepteraient d'être jetés en prison plutôt que d'abandonner leurs relations intimes et spirituelles avec leur Créateur? Ne s'agit-il pas là d'un exemple très stimulant pour nous inciter à cultiver le même courage que cet homme formidable que fut Daniel?

Un jour, alors que Jésus circulait dans une rue d'une ville de son temps, une foule immense s'était massée tout le long des deux côtés de la rue en question. Soudain, du milieu de la foule en délire, surgit un petit homme, un percepteur d'impôt et un voleur qui, voulant à tout prix attirer l'attention du Messie, décida de grimper dans un arbre. Après avoir déployé de vigoureux efforts, l'homme en question, Zachée, parvint enfin au haut de l'arbre. L'ayant finalement remarqué, Jésus fut tellement touché par le geste de Zachée qu'il lui promit d'aller le trouver chez lui le soir venu. Ce que fit effectivement Jésus avec les merveilleux résultats que l'on connaît. Zachée se repentit de ses mauvaises voies et fut considéré comme un authentique fils d'Abraham par Jésus lui-même.

Si vous lisez attentivement les Ecritures qui racontent ce fait, vous remarquerez qu'à part ce Zachée, fort peu d'individus se trouvant dans la foule en délire, eurent le grand privilège de recevoir le Messie dans leur demeure. Cet homme de foi, Zachée, posa courageusement un acte différent des autres: il s'éleva courageusement du sein de la foule, ainsi Jésus l'aperçut, se rendit directement dans sa maison et en fit son ami personnel. Combien d'humains eurent le privilège de se voir attribuer l'immense honneur de figurer parmi les amis intimes du Sauveur. Zachée fut pourtant l'un de ceux-là. Et pourquoi eut-il ce privilège? Parce qu'il fit courageusement quelque chose de plus que la foule. Il s'éleva au prix de maints efforts dans un arbre. Quel résultat aurait obtenu Zachée si, à cause de la crainte de l'homme, la peur de s'attirer des railleries de la part des découragés, il était demeuré tranquillement à sa place au beau milieu de la foule ébahie? Vous pouvez certainement fort bien deviner la suite.

Saisissez à présent le sens du présent chapitre. Comprenez bien que si vous êtes absolument déterminé à poursuivre courageusement le perfectionnement de votre être, dans quelque domaine que ce soit, il faut vous armer de courage afin de pouvoir faire quelque chose de plus positif que les autres, quelque chose que la majorité des êtres négatifs et découragés qui vous entourent de toute part n'ont point le courage d'entreprendre.

Si la poursuite courageuse des objectifs valables de

votre existence vous tiennent à coeur, vous devez vous équiper d'un bon bagage de courage afin de pouvoir traverser les railleries, les moqueries, les insultes, les échecs et les moments de solitude qui vous attendent. Cependant, si vous tenez compte de tous les exemples d'êtres courageux qui furent cités dans ce chapitre, et des merveilleux résultats qu'ils ont finalement récoltés à cause de leur persistance courageuse, vous voudrez certainement considérer jusqu'à quel point il peut valoir la peine de persister courageusement dans la course de votre vie.

Maintenant que vous avez accepté de vous unir à votre courage et de foncer courageusement dans la course de la vie, allez vous placer debout devant un miroir et prenez le temps de bien vous examiner.

Bien sûr, les premiers regards que vous jetez sur votre personne par l'entremise du miroir vous montrent peut-être un individu pas trop avantagé sous certains aspects de votre personne. Mais si je vous demande de vous examiner dans un miroir, ceci n'a pas pour but d'examiner les quelques défauts probables de votre organisme charnel. Non, cet examen de vous-même a pour but de vous amener à commencer à apprécier l'être que vous êtes. Et qu'y a-t-il de mieux que de contempler quelque chose si l'on veut finir par l'apprécier et l'aimer par la suite.

Je vais à présent vous dévoiler une découverte incroyable que m'ont démontrée ces dernières années de contacts de toutes sortes avec des gens de toutes sortes. Savez-vous ce qui m'a le plus frappé de tout ce que j'ai appris sur les gens ces dernières années? Ceci: que la plupart des gens n'ont aucun amour légitime pour leur propre personne. Oui, les gens se découragent, cessent de poursuivre des objectifs légitimes et échouent tout simplement parce qu'ILS NE S'AIMENT PAS. C'est incroyable, n'est-ce pas?

Dans la vie, on prend soin seulement de ce qu'on aime. Et ce qu'on aime bien, on veut qu'il dure très longtemps. Ce qu'on aime, on veut aussi qu'il s'améliore et soit heureux. La plupart des individus sont malheureux, échouent dans leurs projets, se laissent aller, se dégradent pour la simple raison qu'ils ne s'aiment pas. A-t-on idée de se rendre malheureux à tout prix quand on s'aime vraiment? A-t-on idée de briser son propre foyer quand on s'aime vraiment? A-t-on idée de faire du mal à sa propre personne quand on s'aime vraiment? A-t-on idée de faire du tort aux autres quand on s'aime vraiment et qu'on sait fort bien que ce que l'on fait à autrui nous sera rendu au centuple un jour ou l'autre?

Si j'insiste pour que vous alliez vous regarder dans le miroir, ceci a pour but de vous amener à apprécier l'être entier que vous êtes. Et vous verrez qu'une fois que vous vous mettrez à vous apprécier vraiment, vous parviendrez aussi à vous aimer vraiment. En outre, vous constaterez que lorsque vous aurez réussi à attiser un amour légitime à l'égard de votre être, vous voudrez à tout prix rendre heureux cet être que vous observez dans votre miroir. Ensuite, pour parvenir à rendre cet être heureux, vous finirez par générer assez de courage et de forces pour vous mettre à la recherche et à la poursuite d'objectifs valables et légitimes, des buts qui viseront constamment l'amélioration de tout votre être et votre bonheur. Finalement, que se passera-t-il dès l'instant que vous commencerez à récolter les heureux résultats produits par le bonheur du perfectionnement de votre être? Il se produira que vous récolterez suffisamment de bonheur au point d'en avoir trop pour vous. Et ce surplus de bonheur, vous ne pourrez faire autrement que manifester le désir bien légitime de vouloir le partager à tout prix avec tous les autres êtres qui vous entourent.

Le fait de vous regarder dans un miroir, afin d'amorcer le prodigieux processus qui vous amènera à produire assez de courage pour désirer à tout prix prendre la conduite de votre existence en mains est tout à fait conforme avec cette prodigieuse règle d'or que voici et qui a été promulguée par cet illustre prophète dont je vous ai entretenu dans un autre chapitre, je veux parler de Jésus. La voici cette règle fantastique: "Tu devras aimer ton prochain comme toi-même!".

A travers le chapitre 2 de cet exposé, j'ai pris soin d'attirer l'attention du lecteur sur le fait de toute cette décadence morale que nous constatons sur une très vaste échelle à notre époque. Mais d'où peut donc provenir cette décadence, ces haines, ces divisions, ces guerres atroces, ces divorces, ces viols, ces anomalies sexuelles, cette malhonnêteté, sinon du fait constaté suivant: les gens NE S'AIMENT PAS. Et pour quelle raison les gens n'aiment-ils pas leurs semblables? Parce qu'ils ne s'aiment pas eux-mêmes. Et pour quelle raison ne s'aiment-ils pas eux-mêmes? Tout simplement parce qu'ils ont dévié de l'Auteur de toutes choses. Voilà, la loi de causes à effets est aussi simple que ça.

Lorsque je vous demande de cultiver l'amour pour votre personne, je ne me limite pas à l'amour primitif de votre organisme charnel. Il s'agirait là d'un amour bien vain étant donné que nous, pauvres humains qui avons tellement dévié de Dieu, sommes dotés de corps charnels qui laissent pas mal à désirer. On ne peut pas dire que la seule contemplation de notre corps charnel aurait pour effet de nous stimuler au plus haut point en ce qui concerne le désir d'amorcer courageusement l'amélioration de ce que nous montre notre miroir.

Si le regard que vous posez dans le miroir vous donne un premier choc à cause de cette chose que vous apercevez dans la glace, c'est là un bon signe. Dans quel sens? Bien, si la contemplation de votre corps vous donne un choc émotif, c'est là le signe évident que toute votre vie vécue à date a été exclusivement axée sur un organisme fait de chair et d'os. Si, après vous être contemplé dans le miroir, vous manifestez quelques signes de dédain à propos de votre personne, alors prenez conscience du fait suivant: toute votre vie jusqu'à présent a été perdue à force de vouloir à tout prix rendre parfait un corps charnel à propos duquel vous ne pouvez absolument rien faire en ce qui concerne ses défauts, ses rides, ses infirmités, son vieillissemenent, ou quoi que ce soit d'autre le concernant.

Si vous vous obstinez à tout prix à vouloir rendre parfait, svelte ou magnifique le corps charnel dont vous êtes doté, alors jetez ce livre à la poubelle car il n'y a rien qui peut être fait dans votre cas. Il n'existe aucun courage au monde qui pourra vous permettre de transformer, jusqu'à la perfection, le corps dont vous êtes doté.

Votre corps, ainsi que celui de tous les êtres humains, est défectueux, dépérit et meurt des suites d'une juste rétribution divine. Et, pour que notre personnalité puisse un jour jouir d'un organisme charnel en bon état et parfait, il nous faut absolument attendre que les effets de la dite condamnation soient enlevés de notre humanité. Voilà qui n'est pas de mon ressort, et le présent livre, ni tout autre livre humain, ne peuvent absolument rien faire pour vous. Attendre l'intervention divine pour remédier dans ce domaine; il n'y a pas d'autre chose à faire pour notre corps, sauf lui promulguer les meilleurs soins possibles.

Maintenant que votre calme est revenu suite au premier choc reçu de ce que vous avez pu voir dans le miroir, ramenez vos yeux dans les yeux de la personne qui se reflète dans le miroir. N'oubliez pas que les yeux sont la lumière de l'intérieur de notre être, et si vous voulez absolument vous découvrir complètement, il vous faut donc entrer en vous par le moyen de votre oeil.

Oubliez l'organisme charnel qui enveloppe vos yeux et, tout en fixant ceux-ci, allez à l'intérieur de vous afin d'entrer en contact avec vous-même. Vous verrez comme c'est fascinant d'entrer en relations étroites avec soi-même et de pouvoir communiquer et vivre enfin avec l'individu que nous sommes INTÉRIEURE-MENT.

L'être qui apprend à se découvrir, à vivre en harmonie avec ce qu'il est "intérieurement", cet être-là n'éprouve plus aucun complexe avec ce que pourrait représenter sa petite personne charnelle. Et que se passe-t-il au moment qu'on est enfin parvenu à se détacher de son charnel? On devient libéré de tout ce vers quoi se tournent les êtres charnels, physiques, et, courageusement, on se met enfin à la tâche d'aller vers une plus grande découverte et l'amélioration de ce que nous sommes à l'INTÉRIEUR.

Une fois que vous commencerez à vivre pour ce que vous représentez à l'intérieur de votre personne; une fois que vous commencerez à profiter au maximum de l'être que vous êtes intérieurement, vous cons-taterez alors jusqu'à quel point peut être primitif l'individu qui ne vit que pour son écorce extérieure. Bien plus, le fait de vivre de l'intérieur de votre personne vous libérera aussi de tout ce qui a pu vous priver jusqu'à date de la réelle compagnie de vos semblables, soit leurs enveloppes à eux aussi. En apprenant à vivre vraiment avec vous-même, à partir de ce que vous êtes à l'intérieur, vous chercherez ensuite à rechercher la compagnie de vos semblables, non pas d'après ce qu'ils représentent de l'extérieur, mais ce dont ils pourraient être réellement à l'intérieur de leur être eux aussi. Voilà ce qui laisse présager tout un univers fantastique à découvrir. Voilà un monde merveilleux au sein duquel il vaut vraiment la peine de déployer tous les efforts courageux nécessaires afin de découvrir, de cultiver, d'améliorer et de profiter au plus haut point de cet univers fantastique.

Chapitre 6

Faites un bilan honnête de votre vie

Maintenant que vous avez commencé à introduire votre regard à l'intérieur de votre être véritable, et que vos yeux commencent à prendre l'habitude de se détacher de votre corps charnel, je tiens à vous avertir tout de suite que ce que vous allez y découvrir ne sera pas toujours agréable à contempler. Cependant, quoi que vous puissiez apercevoir dans votre intérieur, je vous incite fortement à ne pas abandonner votre périple au-dedans, car c'est seulement là, à la source même de votre personne, qu'il vous sera possible d'effectuer le nettoyage qu'il faut et ainsi donner le départ à la plus formidable construction qui soit: le développement positif de votre courage de vivre.

Avez-vous remarqué comme on se sent libéré une fois qu'on prend l'habitude d'introduire notre regard à l'intérieur de notre personne, au plus profond de notre être intérieur? A présent que vous avez commencé à entrer vraiment en vous, vous réaliserez, au fur et à mesure que vous acquerrez une plus grande expérience dans cette forme de prospection, jusqu'à quel point la nouvelle existence que vous vivrez désormais pourra être fantastique et emballante.

Savez-vous ce qui décourage les humains et les handicape au plus haut point? Connaissez-vous la plus grande cause des problèmes de l'humain, la source de ses échecs, ses misères et son découragement? L'Humain est découragé et handicapé à cause de sa vision qui porte exclusivement sur les seules choses matérielles de la vie. C'est le fait de chercher à mettre constamment toutes sortes de choses matérielles entre ce qu'est l'être intérieur et sa véritable raison d'être qui nuit le plus à l'humain. L'être humain qui parvient à se libérer tout à fait de l'esclavage matérialiste qui l'enchaîne, le décourage et le tue à petit feu, cet être-là, dis-je, ouvre la porte à un monde insoupçonné de la plupart des individus matérialistes et découragés de notre temps.

Depuis que vous êtes à même de comprendre les choses de la vie, vous avez certainement dû remarquer jusqu'à quel point les petits enfants avaient le pouvoir de connaître une joie de vivre que ne connaissent plus ces mêmes petits une fois qu'ils se mettent à grandir et à devenir adultes. Pourtant, pour quelle raison un petit enfant, rempli de joie de vivre et heureux, ne pourrait-il pas continuer de demeurer dans cet état de vie? Qu'est-ce qui fait qu'à partir d'un être sans soucis, heureux, confiant dans la vie, calme, joyeux, c'est-à-dire un petit enfant, cet être-là se transforme, ou dégénère au point de devenir un être agressif, agité, haineux, querelleur, malheureux et découragé dès l'instant qu'il met les pieds dans l'âge adulte?

Que de fois ai-je rencontré des individus adultes se lamenter et me dire à travers leurs gémissements combien ils aimeraient redevenir petit enfant. Observez le moindrement le monde des adultes qui évoluent autour de vous et constatez jusqu'à quel point les adultes peuvent avoir la nostalgie de l'enfance. Voyons maintenant pour quelle raison les choses dégénèrent ainsi.

Dans l'âge de son enfance, l'être humain est heureux parce qu'il est pur. Il est exempt d'agitation et d'incertitudes parce qu'il a confiance en la vie. Il est calme et sans soucis parce qu'il mène un mode de vie tout à fait équilibré avec la vie. Il rit de bon coeur et est joyeux parce que ses désirs ne portent point sur les choses matérielles de l'existence. En somme, on peut dire que le petit enfant est heureux de vivre parce qu'il n'a aucune préoccupation à l'égard des choses autres que son être propre, et il trouve sa véritable raison de vivre courageusement son petit train-train quotidien dans le partage absolu de tout son être avec les autres êtres qui l'entourent.

Le petit enfant mange seulement lorsqu'il a faim. Il joue seulement lorsqu'il en a envie. Il pleure seulement lorsqu'il a du mal. Il rit et partage sa bonne humeur avec quiconque a besoin de son merveilleux sourire. Il tend les bras et embrasse sincèrement, avec des mobiles d'une pureté absolue parce qu'il n'a aucune malice en lui. Il croit tout ce qu'on lui dit parce qu'il est lui-même franc. Il ne pense pas à voler ni à tuer ses semblables parce qu'il n'y a aucune trace de jalousie en lui. Il peut se faire prendre cent fois dans le même piège de la méchanceté des adultes parce qu'il ne soupçonne même pas la malhonnêteté chez l'humain.

Mais quelle sorte de transformation s'effectue-t-il une fois que le petit enfant mentionné devient un adulte? Il rompt les ponts de l'amitié dès l'instant qu'il constate que quelqu'un puisse le dépasser dans un domaine quelconque. Il cesse de fréquenter un individu qui ne fait plus partie de la même classe sociale que lui. Il détestera quiconque n'est pas de la même religion que lui, ou qui n'a pas la même couleur de peau ou ne parle pas la même langue que lui. Plutôt que de faire l'effort nécessaire pour parvenir à la réussite, il choisira de s'abandonner dans les draps du destin et n'éprouvera aucune honte à refuser de pourvoir à ses propres besoins, ni même à voler. Bien plus, il prendra un fusil et tuera de sang-froid quiconque lui résistera si jamais l'idée insensée lui prend de dévaliser un pauvre commerçant, ou de voler le pays d'un autre.

L'enfant pur, une fois devenu adulte, n'hésitera pas à assouvir ses plus basses passions en violant une femme, et ira jusqu'à débaucher de pauvres petits êtres innocents. Mais l'enfant devenu adulte fera encore pire que tout ce qui vient d'être mentionné. Il manquera de maîtrise dans la recherche de ses jouissances au point d'abandonner foyer, conjoint et enfants; et si l'envie lui prend, il tuera de sang-froid le petit être qui aura été engendré dans le flot indiscipliné de ses bassesses.

A la lumière de tout ce qui vient d'être mentionné, êtes-vous maintenant en mesure de mieux comprendre la véritable raison qui fait qu'un enfant pur et heureux puisse dégénérer aussi rapidement en un être impur, malheureux et découragé dès l'instant qu'il entre dans l'âge du monde des adultes?

Réfléchissez maintenant à ce qui va suivre. Pouvez-vous un instant imaginer ce qui a bien pu se passer chez des êtres qui, éprouvant tant de bonheur à voir un petit enfant venir au monde, n'aient ensuite plus aucun remords de le voir tuer à la guerre? Pouvez-vous comprendre ce qui peut bien se passer dans la tête d'humains qui, encourageant les couples mariés à procréer davantage, aient ensuite le culot d'entretenir les guerres et ainsi inciter à l'assassinat de tous ces nouveaux-nés une fois qu'ils seront devenus des adultes forts et pleins de vie? Comment se fait-il que des adultes, sachant fort bien les conséquences de l'ivrognerie, du tabagisme, de la drogue, de l'immoralité aient la bassesse d'entretenir ces activités nuisibles au niveau d'une population de plus en plus jeune? Voilà des questions qui font réfléchir, n'est-ce pas?

Ce qui produit la transformation d'un être pur, courageux et heureux, c'est-à-dire un petit enfant, et le dégénère en un adulte vicieux, jaloux, envieux, détestable, cruel, découragé et malheureux, c'est, entre autres choses, sa seule concentration sur l'aspect charnel et matériel de la vie. L'enfant, n'étant ni charnel ni matérialiste, n'est pas non plus impur, cruel, voleur ou meurtrier. Par contre, dès que l'humain s'éveille en goûtant de plus en plus les seuls aspects de l'existence qui lui font envie, soit le charnel et le matériel, alors il se transforme au point de dégénérer vers l'envie, le vice, la haine, le mensonge, le meurtre. Il s'agit là d'une importante raison qui contribue au fait que plus un humain goûte aux activités charnelles et matérielles, plus il dégénère, devient découragé, et récolte des échecs et des malheurs.

L'autre jour, j'écoutais un reportage à la télévision à propos des noirs aux Etats-Unis. A un certain moment, un animateur demandait à un homme noir ce qui contribuait le plus à leur unité dans la recherche d'une plus grande liberté d'action en Amérique. L'homme expliqua que tant et aussi longtemps que les noirs se trouvaient au même niveau, que ce soit dans l'instruction, l'emploi, le rang social ou les possessions matérielles, ils demeuraient alors très unis. Cependant, qu'un noir parvienne, à force de courage et de volonté, à sortir des rangs de la pauvreté, à trouver un emploi convenable ou à faire quelques économies, et voilà que ce dernier est aussitôt rejeté des siens.

Les gens se tiennent tant et aussi longtemps qu'ils

éprouvent les mêmes expériences charnelles ou matérielles de la vie. Regroupez dans un quartier quelques centaines de familles de gens pauvres, sans emploi, sans automobile, endettés et affamés, et vous constaterez qu'ils se donneront la main de l'amitié et se tiendront comme un seul homme. Mais qu'un seul individu du groupe, à force de courage et d'efforts, sorte soudain de sa médiocrité et constatez maintenant jusqu'à quel point ses ex-amis vont vite transformer leur amitié en jalousie et haine.

Il y a quelques semaines, une émission télévisée nous montra un reportage à propos d'une secte religieuse de l'Ouest Canadien. Cette secte, composée d'environ une trentaine de milliers de membres, accomplit un excellent travail afin de pourvoir aux besoins pécuniers des leurs. Bien plus, ils travaillent, paient des impôts aux divers gouvernements et refusent à tout prix de recevoir quelque forme d'aide que ce soit de l'Etat. A cause de leur diligence et leurs excellents principes de vie, ils connaissent une réussite matérielle qui les met à l'abri du besoin, et, bien entendu, leurs économies leur permettent d'acquérir de plus en plus de terre aux alentours. Le reportage a clairement démontré qu'il n'existe aucune forme d'immoralité au sein de la secte. Les hommes refusent à tout prix de tuer leurs semblables, que ce soit en dérobant leurs biens ou à la guerre. Eh bien, tenez-vous bien, malgré tous les aspects positifs qu'ait pu démontrer le reportage à propos des gens de la secte en question, les individus interviewés au sujet de telles personnes, et qui ne faisaient pas partie de la secte, ont tous trouvé le moyen de critiquer ces braves personnes. Encore un peu et on les aurait traités de voleurs.

N'allez pas penser que j'ai l'intention de prêcher pour ma paroisse. Je ne fais pas partie de la secte en question, et d'ailleurs j'ai même oublié jusqu'à son nom. Mais ce qui m'a le plus frappé dans ce reportage télévisé, ce fut de constater, encore une autre fois, jusqu'à quel point les adultes pouvaient devenir méchants, négatifs et décourageants dès le moment où entrent en jeu des aspects matériels de l'existence.

Avez-vous déjà remarqué qu'on n'envie jamais un paresseux, un criminel, un raté, un cancéreux, une fille de joie, un violeur, un mort? Et pour quelle raison n'envie-t-on jamais ces pauvres gens? Simplement parce que la plupart des individus bien pensants de notre planète s'imaginent supérieurs à ceux-là.

Mais observez ceci maintenant. Quelle réaction éprouvent la plupart des individus lorsqu'ils sont témoins de la réussite matérielle d'un autre? Comment réagissent les gens en général quand quelqu'un sort de sa médiocrité, s'élève quelque peu au-dessus de la foule étouffante et parvient au palier de la réussite de la conduite de sa vie et se sous-trait au besoin? Oui, vous connaissez la réponse; tout le monde, ou presque, l'envie, le jalouse, cherche à le déprécier par tous les moyens possibles et le déteste.

Avez-vous déjà pu observer une bande de loups ou

de chiens. Ces animaux vivent ensemble, tels des frères, tant et aussi longtemps qu'ils sont sur un niveau d'égalité concernant la nourriture. Cependant, qu'un des leurs, à cause d'efforts et de courage, déniche enfin une proie et voyez tous ses ex-frères se mettre à sa poursuite. Bien plus, ils n'hésiteront absolument pas à l'étrangler s'il ne cède pas la proie qu'il aura méritée par son courage et ses efforts.

Nous voici maintenant parvenus au coeur du problème de l'humain. A la source principale de ses états de découragement, d'échecs et de malheurs. La soif intense, l'avidité même, de choses essentiellement charnelles et matérielles, voilà ce qui handicape l'humain au plus haut point. Voilà ce qui l'empêche de découvrir le centre de son véritable être, de travailler positivement et courageusement à l'amélioration de ce qu'il est et pourrait être À L'INTÉRIEUR.

Bien sûr que nous avons besoin de nous occuper des aspects charnels et matériels de notre être. Etant humains, donc aussi physiques, il importe de s'occuper de prendre soin de notre corps, nous loger, nous vêtir, nous alimenter. Mais je dis bien qu'on doit s'*occuper* de ces aspects de notre personne, s'en occuper, mais pas s'en *préoccuper* au point de ne vivre exclusivement que pour ces seuls aspects de l'humain.

Les milliers d'espèces de bêtes qui vivent sur notre planète sont entièrement préoccupées par la recherche de nourriture, d'abri et de reproduction. Ce qui est tout à fait raisonnable de leur part, étant donné qu'il s'agit de bêtes instinctives et non d'êtres humains intelligents, raisonnables et créés à l'image même de Dieu.

Si la Bible prend le soin de spécifier que l'humain a été créé à l'image de Dieu, et d'autre part s'il est reconnu que Dieu est "esprit", ceci signifie donc que la principale préoccupation de l'humain doit consister à améliorer constamment toutes les facettes de son être qui ont un rapport avec l'esprit. Ce qui signifie améliorer sa façon de penser, corriger sa manière de raisonner, affirmer sa faculté de décider, assumer la responsabilité de ses choix, augmenter sa faculté d'élaborer des idées, projeter des projets utiles et raisonnables, produire des oeuvres utiles qui, tout en exerçant ses facultés mentales, fortifieront l'être à former qu'il veut devenir intérieurement.

"La chair ne sert à rien du tout, dit Saint-Paul dans son épitre. C'est l'esprit qui est vivifiant". Quelle grande vérité applicable à l'être merveilleux que nous sommes, et quelles possibilités fantastiques laissent entrevoir ces quelques mots d'un homme positif et courageux tel que cet apôtre exemplaire!

Quelle sorte d'existence avez-vous vécu jusqu'à maintenant? Depuis votre transfert dans l'âge adulte, sur quels aspects de votre être avez-vous mis l'accent? Quelle partie de votre personne a absorbé le plus vos énergies jusqu'à aujourd'hui? Il est certain que le bilan de votre vie, celle que vous avez menée jusqu'à présent, vous en montrera long sur ce que seront vos prochaines années et votre devenir.

Depuis que vous êtes sorti de l'âge courageux de l'enfance, avez-vous gaspillé vos énergies en vous préoccupant uniquement de votre enveloppe charnelle? Avez-vous gaspillé votre existence vécue à date à vous obséder à propos de votre taille, votre poids, vos tares physiques, vos rides, votre âge?

Depuis que vous êtes sorti du monde de l'enfance, de l'adolescence même, vos seules préoccupations, voire votre seule raison de vivre, a-t-elle été uniquement orientée vers l'argent, une maison, la plus belle auto, une carrière glorieuse, les plus beaux loisirs?

Faites donc un bilan de ce qu'a été votre existence depuis le monde merveilleux et courageux de votre enfance jusqu'à aujourd'hui, et constatez par vous-même l'être intérieur que vous êtes devenu. Cette sorte de bilan vous permettra de découvrir en même temps, d'un seul coup, les principales causes de vos échecs, de vos malheurs, de votre découragement.

Si vous avez passé votre existence à vivre en étant constamment absorbé par les seuls aspects charnels et matériels de votre personne, je tiens à vous dire tout de suite que vous avez lutté pour pas grand chose. Dans la forme de système de choses que nous connaissons depuis ces derniers millénaires, le fait de vivre uniquement pour la chair et le matériel ne peut faire autrement que causer un grand gouffre chez l'être humain. En effet, étant forcés de compter avec les hasards, les malfaiteurs, les faillites, les fluctuations des marchés, les rudesses et incertitudes de l'économie, les guerres et la mort, ne vivre que pour la chair, la gloire et l'acquisition matérielle ne peut que laisser un grand vide à l'intérieur de l'être que nous sommes.

On dirait que plus l'humain acquiert de choses, plus il s'enchaîne et perd sa liberté. Plus l'être humain accumule de biens autour de lui, plus le nombre s'accroît au point de devenir une montagne, moins il aperçoit les autres. L'être qui est forcé de poser des grilles de fer à l'extérieur de sa maison, à cause de sa peur des voleurs, cet être-là construit en même temps, sans le savoir, les barreaux de sa propre prison intérieure.

Plus l'humain se matérialise, plus il se déshumanise. Observez toutes sortes de personnes quand, par hasard, elles se retrouvent autour d'un feu sur la plage d'un hôtel du Sud. Ils ne se connaissent pas, mais ils rient, s'amusent; ils s'aiment et l'idée de se nuire ne leur viendrait même pas à l'esprit.

Maintenant, transportez ces mêmes personnes dans leurs automobiles sur leurs autoroutes du Québec et voyez quel comportement étrange ils vont adopter. Ils vont chercher à s'écraser, et mettre leur doigt à la tempe afin de se menacer réciproquement de mort.

Voilà le coeur du problème humain: la chair, l'argent, les biens, la couleur de la peau, la langue, le diplôme, le rang social, ce sont tous des aspects de la vie humaine qui procurent une grande variété de plaisirs et qui agrémentent l'existence quand ces choses demeurent dans leurs contextes respectifs et qu'elles sont utilisées par des êtres dont l'intérieur est pur, a de bons mobiles, est loyal, honnête, désintéressé. Mais dès que l'humain s'obstine à ne vivre exclusivement que pour la recherche obsédée de ces choses, il ne peut faire autrement que se déshumaniser, sombrer dans les sables mouvants de la cupidité, l'envie, la haine, la dispute, la jalousie; toutes des déviations de l'esprit entraînant le mensonge, le vol, la violence et le meurtre, et en fin du compte, de manque de courage pour pouvoir continuer à vivre le seul mode de vie sain et positif qui soit proposé et destiné à l'humain.

Allez à la découverte de vous-même

Si vous êtes l'heureux possesseur d'une bicyclette, je vous invite à prendre la peine d'aller examiner attentivement les roues de votre petit véhicule. Une fois que vous serez parvenu jusqu'à votre bicyclette, placez-vous debout juste à côté et posez votre regard sur l'une des roues, disons celle de l'arrière. En examinant très attentivement la roue en question, vous remarquerez qu'elle est composée d'un pneu, de plusieurs rayons en métal, ainsi que d'un moyeu central, lequel est activé par le mécanisme judicieux d'une chaîne reliée à son tour à un pédalier, lequel est ensuite actionné par l'énergie déployée par une force quelconque, un humain ou un moteur.

Avant de poursuivre la lecture de ce chapitre, je vous recommande encore une fois de prendre le temps d'aller examiner attentivement la roue arrière de votre bicyclette. Cet examen est essentiel et vous sera très utile dans votre recherche de la découverte de votre être intérieur. Oui, consacrez donc un petit cinq minutes de votre temps pour aller jeter un coup d'oeil attentif sur la roue en question, vous verrez jusqu'à quel point vous y gagnerez en intelligence et en discernement de ce que peut être l'intérieur de votre être.

Maintenant que vous vous êtes bien pénétré de la roue arrière de votre bicyclette, voyons de quelle façon cette roue se compare en tous points avec un être humain.

Le pneu qui entoure la roue présente les diverses conversations et activités de notre existence qui nous relient avec les autres êtres humains qui nous entourent. Et, tel un pneu, nous nous usons, et crevons parfois, à force de nous activer dans le monde très vaste et éparpillé des relations humaines et celui des activités charnelles et matérielles de la vie.

Si les rayons de la roue de votre bicyclette constituent les moyens par lesquels le pneu peut poursuivre son action tout en restant équilibré avec le sol et la bicyclette, on pourrait comparer ces rayons de métal à ce qui nous permet, nous, de continuer de rouler dans la vie, soit d'agir et d'entretenir des contacts constants avec nos semblables. Ces rayons de la roue, transportés symboliquement au sein de notre personne, pourraient se définir comme nos sentiments, nos émotions, nos humeurs, nos idées, nos attitudes, nos habitudes, nos désirs, nos ambitions, soit tout ce qui nous incite et nous porte instinctivement à parler, agir et produire.

Ensuite, si vous avez bien examiné la roue arrière de votre bicyclette, vous avez certainement remarqué que tous les rayons, sans exception, étaient reliés solidement au moyeu central de la roue en question. Ce qui pourrait signifier, toujours transposer symboliquement au niveau de l'être humain que nous sommes, aux facultés intérieures de notre être qui sont à la source même des habitudes, attitudes, idées, sentiments, émotions, désirs, ambitions, humeurs, le tout tel que mentionné plus haut et qui ont été comparés aux rayons de notre être.

Au niveau de la roue d'une bicyclette, le pneu et les rayons ne font que suivre strictement, sans nullement déroger, les rythmes du moyeu. Dans quelque sens qu'aille le moyeu, vers l'avant ou l'arrière, les rayons et le pneu vont constamment aller dans le sens que tournera le moyeu.

Eh bien, il en est exactement de même avec l'être humain que nous sommes. Les idées, les habitudes, les attitudes, les désirs, les émotions, les humeurs, les ambitions, les sentiments et les paroles et les actions qui émergent de nous ne sont que l'exact et très fidèle reflet de ce qu'est véritablement l'être que nous sommes à l'intérieur. La bouche parle de l'abondance du coeur, les actes sont produits de l'abondance du courage, en somme tout ce que nous produisons, soit nos rayons et notre roue symbolique qui sont constamment en action, ne constituent que l'exacte réplique de ce qui est à la source même de notre être. Comme il en est des rayons et du pneu de la roue de la bicyclette qui vont constamment dans le sens que prend le moyeu de la roue, ainsi en est-il de nous; nous ne produisons, en idées ou en actions, que ce qui correspond exactement au plus profond de notre être.

De même qu'il ne servirait à rien d'insister pour réparer les rayons, ou le pneu d'une bicyclette dont le moyeu serait endommagé, ainsi il ne sert absolument à rien de vouloir changer, ou réparer, l'humain tant que son véritable être intérieur — son moyeu central — n'est pas en excellent état.

Le processus qui détermine les actions, les paroles, les idées, les attitudes, les sentiments, les habitudes, est absolument immuable pour tous les humains. De même que la qualité de la roue et des rayons d'une bicyclette dépendent essentiellement de la qualité du moyeu central de telle roue, ainsi en est-il avec l'humain: la qualité de ses attitudes, ses habitudes, ses idées, ses sentiments, ses émotions, ses objectifs, ses ambitions, ses plans, ses paroles, ses actions, tous ces produits de l'humain correspondront essentiellement avec le degré de qualité de l'être intérieur qu'est véritablement l'humain, quel qu'il soit.

Voilà jusqu'où il faut aller à l'intérieur de soi si l'on tient absolument à se changer tout à fait et ainsi trouver toute l'énergie vitale nécessaire qui nous permettra de nous engager dans la poursuite courageuse de l'amélioration et la transformation de l'être vraiment formidable, productif, utile, raisonnable, en tous points à l'image même de notre Créateur, à la poursuite de cet être humain en tous points accordé avec les réalités de l'existence que nous voulons absolument devenir.

Aller à la découverte profonde et véritable de soi-même, de ce que l'on est au plus profond de notre être, c'est là la démarche essentielle et vitale qu'il nous faut absolument entreprendre et accomplir si nous voulons nous transformer, et nous doter du courage nécessaire nous permettant de devenir l'être fantastique vers lequel nous aspirons.

C'est en allant à la découverte de soi-même que l'on finit par découvrir ce qui est à la source même de nos attitudes négatives, de nos habitudes déplaisantes, de nos penchants détestables, de nos idées irréalistes, de nos projets mal planifiés, de nos ambitions déplacées, de nos désirs illégitimes, enfin, de nos paroles blessantes, de nos actions cruelles, finalement, de nos échecs, nos malheurs et notre découragement qui complète le tout en nous amenant à l'abandon de la course de l'existence. Voilà, aller à la découverte de son "moyeu" intérieur, c'est devenir à même de découvrir les causes de base de notre découragement, de ce manque de courage qui pourrait nous permettre de bien penser, bien parler, bien agir, bien construire, bien réaliser, bien vivre, être heureux en ménage, en famille, en affaires, et joyeux de continuer à poursuivre courageusement la merveilleuse course de l'existence.

Gardez bien présent à l'esprit que tout ce que vous avez dit et fait jusqu'à aujourd'hui, et ce que vous êtes maintenant, n'est que l'exact produit de ce que vous êtes à l'intérieur, au plus profond de votre être. Si vous voulez à tout prix vous doter de ce précieux courage pour continuer de vivre vraiment votre merveilleuse vie, c'est là, au "moyeu central" de vous-mêmes que vous devrez vous appliquer à effectuer les corrections nécessaires.

Vous devez agir un peu à la manière d'un automobiliste qui se rend compte que les pneus de son automobile usent toujours du même côté. Il ne lui sert à rien de changer de pneus. Non, car même s'il pose sans cesse des pneus neufs sous son véhicule, ces derniers n'en continueront pas moins de continuer d'user du même côté que les vieux. Non, ce que doit faire sagement l'automobiliste s'il tient absolument à régler le problème de ses pneus une fois pour toutes, consiste à aller dans un garage spécialisé et de faire aligner ses roues. Le problème d'usure des pneus ne se trouve pas dans les pneus mêmes, ni même dans les rayons des roues; mais le problème réside dans le "désalignement" des moyeux qui supportent les roues et les pneus. Donc, le fait de réaligner les moyeux des roues corrigera du coup et les roues et les pneus.

Un être humain qui produit des idées et des actions négatives finit par sombrer dans le plus profond découragement. Dès que l'être humain cesse de produire des fruits positifs et utiles, il cesse en même temps d'avancer; et dès que l'humain cesse d'avancer, il perd le courage qui lui est vital pour continuer.

Une bête peut accomplir un geste négatif, un geste aussi répugnant que celui consistant à tuer et manger une autre bête. Cependant, à cause du fait qu'il s'agit bel et bien d'une bête, la bête en question n'éprouvera aucun remords pour son action. N'éprouvant pas de remords, sa conscience, n'étant pas troublée le moindrement, sa condition de bête l'empêchera donc de sombrer dans le découragement.

Mais il n'en est pas ainsi de l'être humain. N'oublions jamais que, étant créé différent des bêtes, à l'image même de Dieu, nous avons été doté de cette faculté prodigieuse nommée conscience. Et c'est cette faculté fantastique qu'il nous faut à tout prix entretenir, fortifier et préserver si nous tenons à continuer courageusement la merveilleuse course de l'existence.

Tel est l'Auteur de l'humain, tel est l'humain. Un être qui a été créé pour dire, faire et produire du bien, du beau, du positif, de l'utile, ce qui, en retour, se transforme en résultats positifs et heureux, en réussite, bonheur et conscience APPROUVÉE. Et le processus se remet en branle de façon constante et ininterrompue. Le fait d'avoir une bonne conscience, la conscience d'avoir accompli du bien, contribue à approuver l'être; ensuite, cette approbation de sa conscience pousse l'humain à se remettre courageusement à la tâche et ainsi continuer de poursuivre sa merveilleuse entreprise vers plus d'amélioration de soi et des conditions de vie qui l'entourent, lui et les autres humains.

Voilà donc d'où origine la source du courage chez l'être humain: de sa conscience. La conscience est ce mécanisme prodigieux et merveilleux qui nous accuse et nous fait sombrer dans le découragement et l'abandon, ou qui nous excuse, ce qui, en retour, nous redonne courage et énergies afin de CONTINUER la construction du bien et de l'utile.

Absolument aucun être humain ne peut déroger aux lois immuables et d'une puissance insoupçonnée de l'effet que peut avoir sa propre conscience sur sa propre personne. Qui vole un oeuf finira par voler un boeuf et celui qui tue son prochain n'est pas loin de tourner sa propre arme vers sa propre vie, ce que firent l'ex-roi Saül, Jézabel, Hitler et Judas. Pourtant, l'animal, lui, tue et n'est nullement abattu, déprimé, découragé, au point de songer à se suicider. Mais il n'en est pas de même pour l'être humain. Ayant été créé pour produire exclusivement du bien, de l'utile et du bonheur, dès que l'humain se met à produire le contraire, soit du mal, de l'inutile et du malheur, il ne peut absolument pas échapper aux effets immédiats de sa conscience qui, comme une fidèle gardienne même de Dieu, se mettra à accuser l'être malfaiteur au point qu'il perdra automatiquement son courage pour continuer la course du bien, de l'utile, du bonheur. Enfin, c'est la mauvaise conscience qui inspire automatiquement le découragement et handicape au plus haut point l'humain.

Chapitre 8

Maintenant, précisez votre existence

L'être humain se décourage, ou plutôt ne trouve plus de courage nécessaire afin de continuer de penser et d'agir positivement tout simplement parce que ses facultés mentales et ses projets ne sont pas alignés en parfaite harmonie avec la bonne conscience qu'il devrait posséder. Si c'est la conscience qui accuse, ou excuse l'individu tout entier, c'est donc à cette base même de l'être qu'il convient absolument d'effectuer les correctifs nécessaires, ce qui, en retour, remettra le mécanisme humain en bon ordre et lui permettra de générer à nouveau du courage et de l'énergie positive.

Ce n'est pas le hasard qui est à la source du succès, c'est la précision accompagnée de la compétence. Sans compétence, il est impossible d'être précis, et sans précision, il est impossible de parvenir à un succès quelconque.

Mais que peut donc produire l'être qui, n'ayant pas

la compétence, manque aussi de précision dans les buts qu'il s'est fixés? De l'échec. Et, enfin, où peut mener l'échec à force d'en accumuler sinon au découragement, ou à la perte du courage?

L'être humain est un tout harmonieux qui ne peut espérer parvenir à la réussite légitime de tous ses objectifs qu'à la stricte condition que tels objectifs soient à leur tour absolument harmonisés avec l'état approbatif de la conscience.

Pour un moment, considérons dans son ensemble le merveilleux corps humain. Notre corps est composé de milliers de parties qui s'emboîtent pour ainsi dire les unes dans les autres. Qu'il s'agisse du cerveau, de la tête, des yeux, du cou, de l'estomac, des reins, des jambes, des bras ou des pieds, le corps constitue un assemblage magnifique qui a le pouvoir de mener à bonne fin de grandes choses si toutes les parties s'harmonisent dans la plus parfaite unité.

Mais bien qu'il soit un assemblage fantastique, le corps humain ne pourra bien fonctionner, et produire des choses positives et utiles qu'à la stricte condition qu'il soit alimenté convenablement et aussi qu'il serve dans les limites d'existence qui lui ont été destinées à l'origine de sa formation. Que l'ensemble que constitue le corps humain se mette à mal se nourrir, physiquement et mentalement, et qu'il déroge quelque peu, le moindrement même, de son cadre prévu d'activités et voilà qu'il n'est plus en mesure d'accomplir quoique ce soit de positif et d'utile.

L'organisme humain qui déciderait d'aller vivre dans les eaux, à la manière des poissons, deviendrait vite inutile. De même, le poisson qui insisterait pour venir vivre sur le sol, à la manière des oiseaux ou des vers de terre, deviendrait vite inutilisable.

La vache est une créature merveilleuse et rend des services inestimables aux humains. Mais que cette dernière décide tout à coup de voler dans les airs à la manière des oiseaux, et qu'elle décide de s'alimenter de pétrole et elle n'est plus d'aucune utilité pour qui que ce soit.

L'ensemble des pièces qui composent un mécanisme d'horlogerie n'est utile qu'à condition qu'il fonctionne à l'intérieur des limites qui lui ont été destinées par son concepteur, soit dans un boîtier de montre. Mais un mécanisme d'horlogerie, si splendide soit-il, n'est plus d'aucune utilité s'il est employé à d'autres fins.

La lune, bien que splendide et inspiratrice pour les clairs de lune des amoureux, n'est vraiment utile à la planète Terre que parce qu'elle sert à l'intérieur des limites pour lesquelles elle a été destinée à son origine. Il en est de même pour le soleil. Il nous réchauffe, nous éclaire, fait croître notre végétation, filtre notre eau, en somme il nous sert bien essentiellement à cause du fait qu'il fonctionne à l'intérieur de ses limites assignées. Que se passerait-il si les hommes essayaient d'aller vivre sur le soleil? Leurs projets seraient irrémédiablement voués à l'échec tout simplement parce qu'ils sont en quelque sorte "contre nature". Ce qui, en retour, serait la cause directe de pas mal de découragement chez les humains.

Revenons brièvement sur notre roue de bicyclette du chapitre précédent. La roue en question rendra des services positifs et utiles tant et aussi longtemps qu'elle sera employée à l'intérieur des limites permises pour lesquelles elle a été construite. Une roue de bicyclette, bien que très fonctionnelle, ne serait plus d'aucune utilité si on insistait pour la placer sous un lourd tracteur de ferme, ou sous un énorme 747. Ce serait se résigner à récolter de nombreux découragements si l'on insistait pour employer une roue de bicyclette dans des limites autres que celles qui lui ont été fixées par son manufacturier.

Toutes ces illustrations démontrent bien que toutes choses dans la vie ne peuvent espérer bien fonctionner qu'à la condition d'être employées à l'intérieur de leurs limites d'existence assignées par leurs divers fabricants. Ces quelques illustrations nous démontrent fort bien que tout ce qui serait employé à des fins autres que naturelles serait voué à l'échec, au découragement. Oui, tout ce qui est employé à des fins "contre nature" est irrémédiablement voué à l'échec. Et comment, dans de telles conditions, pourrait-il être possible de trouver le courage nécessaire permettant de poursuivre positivement un projet donné, si la chose de base est employée à des fins contre nature?

L'être humain peut puiser à l'intérieur de lui, à la

source de ses forces vitales, toute l'énergie qui lui est nécessaire afin de continuer à poursuivre courageusement la poursuite des objectifs légitimes qu'il vise. Mais, comme on l'a vu dans les illustrations précédentes, dès que l'être humain décide d'aller à la poursuite de buts qui ne s'harmonisent pas avec sa condition d'être humain créé à l'image même de Dieu, qu'il tient à tout prix à s'employer à la production de projets qui sont "contre nature", c'est alors que l'humain se coupe instantanément de la source d'énergie productrice de courage se trouvant à l'intérieur de sa "centrale" intérieure.

Tant et aussi longtemps que cette sorte de "centrale nucléaire" intérieure, c'est-à-dire la conscience, approuve tel projet poursuivi par l'être impliqué, elle excuse l'humain et continue de lui fournir en abondance toute l'énergie nécessaire lui permettant de CONTINUER de poursuivre courageusement ses efforts vers la réalisation des autres objectifs légitimes en production.

Lorsque Dieu a élaboré tout l'univers fantastique qui nous entoure, il nous a ensuite introduit au sein de cet univers merveilleux. Mais quelle prétention avons-nous? Croyons-nous vraiment, qu'à cause du seul fait que nous soyons des roseaux pensants, ou de la brume qui parle, cela nous donne automatiquement le droit de vivre contre nature, d'insister pour produire des plans qui ne s'harmonisent absolument pas avec les millions de choses merveilleuses produites par notre Créateur? Avons-nous le culot de croire que

Dieu, l'Auteur de toute espèce d'énergie positive et saine, se contredirait en continuant d'approuver nos projets contre nature, soit en changeant le mécanisme délicat et prodigieux de sa gardienne qu'il a placée à l'intérieur de chacun de nous, c'est-à-dire la conscience? Agir ainsi, de la part de Dieu, reviendrait à contribuer directement au suicide et à la destruction irrémédiable de tout ce qu'il a pu créer avec tant d'harmonie, de générosité, de beauté, d'ordre, d'amour, et de paix.

Lorsque Dieu a créé l'être humain, l'homme et la femme, il les a faits ainsi différents pour qu'à deux, un mâle et une femelle intelligents, ils se complètent et unissent intelligemment et avec amour leurs efforts afin de former une cellule familiale, engendrer, toujours avec harmonie et amour, des enfants, et, ainsi, contribuer à la poursuite d'un projet positif, sain et utile: assurer le remplissage de la planète d'êtres fantastiques qui s'appliqueraient à contribuer harmonieusement et courageusement au glorieux dessein divin à l'égard de la planète Terre.

Pour accomplir ce dessein légitime et agréable, Dieu n'a pas donné plusieurs conjoints à l'humain. Un seul, et il insista pour lui dire de s'attacher en permanence à son conjoint, de l'aimer, le protéger, en prendre soin. Mais qu'arrive-t-il aux conjoints qui, tout d'un coup, décident de s'engager dans un mode de vie qui est contre nature? S'ils s'engagent dans la voie de l'infidélité, abandonnant conjoint, enfant et foyer, peuvent-ils alors espérer, dans la poursuite de leurs objectifs contre nature, trouver du courage leur permettant d'atteindre leurs buts illégitimes?

L'être humain, quelqu'il soit, qui s'engage sexuellement dans une voie contre nature, qui est contraire à son orientation destinée originellement, finit par perdre tout le courage qui lui serait nécessaire afin de continuer la poursuite courageuse, non seulement la poursuite de ses objectifs conjugal et familial, mais aussi de tous ses autres objectifs. Il n'est pas rare de voir à notre époque des conjoints infidèles finir par sombrer dans les échecs de toutes les facettes de leur existence. Echec conjugal, échec familial, échec social, échec sur le plan de la santé, échec en affaires, échec en bonheur, oui, échecs sur tous les plans, voilà le sort qui est irrémédiablement réservé à l'être humain qui insiste pour poursuivre des projets contre nature, des plans qui sont absolument contre l'essence même de la raison d'être de l'humain.

Les êtres humains étaient à l'origine destinés à vivre en paix sur la Terre. Ils devaient s'entraider, s'aimer et contribuer à l'amélioration les uns des autres. Malheureusement, suite à des circonstances qui seront bel et bien corrigées un jour par Celui qui a tout créé, les humains ont tellement dévié de leur mission fraternelle originelle qu'ils s'entretuent dans des guerres fratricides, décourageantes et désastreuses. Mais comment des hommes, qui ont le culot de vivre fraternellement contre nature, peuvent-il espérer générer assez de courage pour pouvoir réussir dans la poursuite de leurs projets? Comment les hommes peuvent-ils avoir l'audace de croire qu'ils pourront continuer de poursuivre courageusement leurs objectifs légitimes alors qu'ils enfreignent les lois mêmes de l'existence dans leurs rapports fraternels?

Les nations qui n'hésitent pas à prendre les armes contre leurs frères d'autres nations posent là un geste qui est contre la nature même de l'humain qui, à l'origine, avait été construit pour la paix, aimer, aider, secourir et transmettre et entretenir la vie. L'être humain n'avait pas été conçu pour tuer et faire la guerre. Il s'agit là d'actes posés délibérément contre nature, et dès l'instant où l'humain s'engage dans de telles voies illégitimes, il se coupe en même temps de la source du courage nécessaire qui lui permettrait de réaliser positivement tous ses autres objectifs. C'est ainsi que les nations qui s'engagent dans la guerre échouent aussi sur tous les autres plans: pauvreté, augmentation de la criminalité, famine, violence, divorces, naissances illégitimes, drogue, maladies vénériennes, etc. voilà le lot des peuples qui ont choisi de s'engager dans la poursuite d'un projet contre nature aussi cruel que la guerre. Observez ce que sont devenus l'Europe, les Etats-Unis, l'Allemagne, l'Iran, le Salvador, et tous les autres après qu'ils aient résolument poursuivi leurs efforts de guerre et vous serez à même de réaliser qu'aucune nation ne peut poser un geste contre nature sans, du même coup, perdre le courage nécessaire qui lui aurait permis de continuer la poursuite courageuse d'autres objectifs, même si ces derniers avaient à la base un caractère de légitimité et d'utilité.

L'être humain qui refuse de travailler pose là un geste contre nature qui lui fera perdre l'estime de ses semblables tout en le condamnant à la plus grande pauvreté. Même si, dans d'autres domaines de son existence, le paresseux poursuit des projets légitimes et sains, il ne pourra jamais trouver assez de courage nécessaire qui lui permettrait de mener à bien ses autres objectifs s'il persiste à se désharmoniser d'un seul objectif de sa vie, soit le travail. C'est la raison pour laquelle le paresseux finit par sombrer dans la pauvreté, la décadence morale, la perte de sa dignité, le vice, le dédain de soi, et dans tous les autres désastres qui s'ensuivent lorsqu'on insiste pour vivre contre nature dans un aspect quelconque de son vécu quotidien.

Il en est de même pour l'ivrogne. L'être humain n'a pas été destiné à l'origine pour l'alcoolisme. C'est contre la nature même de l'être humain que de chercher à vivre dans l'alcoolisme. Même s'il ne s'agit là que d'un seul aspect de la vie de l'humain, l'être qui tient à tout prix à persister dans cet aspect de sa vie, lequel est contre nature, cet être s'expose à devoir subir d'innombrables échecs dans tous les autres aspects de sa vie. Perte d'emploi, pauvreté, revers financiers, ruine de la cellule conjugale et familiale, perte de la confiance en soi, destruction de la réputation, voilà les malheureux découragements qui seront le lot irrémédiable de celui qui aura tenu à vivre contre nature dans un seul aspect de sa vie, c'est-à-dire qui aura voulu persister dans son alcoolisme.

Que dire maintenant de l'individu malhonnête? Aura-t-il le culot de croire que les autres secteurs de sa vie seront productifs de bonheurs légitimes et de courage du fait qu'il n'enfreint qu'une seule règle harmonieuse de la vie, soit celle qui préside à l'honnêteté? Absolument pas. L'individu qui vole finit par dérégler le délicat mécanisme de sa conscience, ce qui, en retour, empêche celle-ci de fonctionner convenablement et de bien remplir son rôle prodigieux et générateur de courage à l'intérieur de l'humain. Finalement, ne pouvant plus compter sur sa conscience, le voleur s'embarquera pour ainsi dire dans toutes sortes d'aventures contre nature qui finiront par anéantir toutes les autres facettes de son existence.

Les mêmes échecs, malheurs et découragements attendent aussi l'être qui persiste avidement à vivre contre nature dans le domaine de la sexualité. Qu'il s'adonne à la fornication, l'adultère, l'homosexualité, le viol, l'individu qui persiste dans l'une ou l'autre de ces déviations de l'humain, se coupe ainsi de l'énergie courageuse que pourrait lui générer sa conscience. Ainsi, s'étant définitivement coupé de la seule source de courage qui vient de son intérieur, cette sorte d'individu n'aura donc plus le courage nécessaire lui permettant de poursuivre courageusement les autres objectifs de sa vie, si légitimes soient-ils. L'être qui s'engage dans une voie sexuelle qui est contre nature, et qui y persiste, finit par détruire sa vie conjugale, par ruiner sa santé, récolter de la honte publique, ce qui se traduira par toutes sortes de revers financiers et autres. Finalement, échouant sur tous les plans de son existence, l'individu en question sombrera dans le découragement et n'aura plus le courage de continuer la poursuite de quelqu'objectif légitime que ce soit.

Maintenant que vous êtes parvenu à la source de votre courage, c'est-à-dire votre conscience, il va falloir absolument préciser votre existence. Il va vous falloir décider quelles sortes de conditions de vie vous tenez absolument récolter un jour ou l'autre. Si vous désirez à tout prix rester en contact permanent avec la source de votre courage, il vous faut alors préciser votre existence en insistant pour mener une vie de tous les instants qui soit parfaitement harmonisée avec le délicat et prodigieux mécanisme qu'est votre conscience. N'oubliez pas que tant et aussi longtemps que vous resterez à l'intérieur des limites assignées de la raison d'être de l'humain, et que vos projets ne consisteront qu'en la production de pensées et d'oeuvres innées à l'humain, vous pourrez toujours alors compter sur le courage nécessaire que vous procurera le processus de votre conscience. La conscience humaine est ajustée sur l'univers même, elle est reliée directement à Dieu, la Source de toute énergie positive, et elle ne peut fonctionner convenablement et courageusement que tant et aussi longtemps qu'elle reste harmonisée avec l'Auteur même de la vie.

Pour pouvoir compter en permanence sur une abondante réserve d'énergie courageuse, il faut préciser votre existence en vous engageant exclusivement dans la poursuite de projets et de buts qui sont légitimes, sains et utiles pour le vécu de l'être humain.

Poursuivre l'objectif de bâtir une vie conjugale positive, génératrice de bonheur; poursuivre l'objectif de former une famille saine, positive, paisible; poursuivre l'objectif de devenir compétent dans une branche donnée, ceci afin de contribuer à votre entretien physique; poursuivre l'objectif de devenir un citoyen honnête, pur, fidèle, productif; poursuivre l'objectif de vivre en paix avec les autres, les aimer tendrement, les secourir, ne pas les blesser, refuser de les juger; ce sont tous là des objectifs valables, sains et légitimes innés à l'être humain que nous sommes. Se discipliner dans la poursuite courageuse d'un seul de ces objectifs, c'est s'assurer d'une abondante réserve de courage qui nous sera accordée en temps voulu et qui nous sera tellement utile dans le développement de tous les autres objectifs positifs et légitimes que nous avons visés mais dont seul le courage positif et éclairé peut nous permettre de bien saisir.

Si vous tenez absolument à ne jamais manquer de courage, à vous tenir constamment debout, à la manière d'un être humain positif, digne et loyal, vous devez absolument bannir de votre existence tout ce qui est contre la nature même de la raison d'être de l'humain.

Insister pour vivre uniquement pour satisfaire les

besoins de la chair, insister pour vivre uniquement pour l'avidité matérielle, insister pour vivre uniquement dans ses droits, voilà des plans qui sont contre la nature même de l'humain et que vous devez balayer une fois pour toute de votre demeure si vous tenez à demeurer en tout temps harmonisé avec votre conscience et ainsi vous assurer une constante réserve d'énergie vous permettant de poursuivre courageusement tous les objectifs fantastiques et légitimes de votre devenir.

Bien sûr, vous avez besoin de prendre soin de votre chair, vous avez besoin de vous loger, vous vêtir, vous soigner. Ne sombrez cependant pas dans l'inquiétude des choses essentiellement charnelles et matérielles de votre être. Ces choses seront votre lot, elles vous seront acquises en abondance même, si vous prenez la décision judicieuse de préciser d'abord les projets valables et grandioses qui élèveront tout votre être vers des sommets de paix, de joie de vivre, de bonheur et de courage qui vous sont peut-être insoupçonnés à l'heure actuelle.

En fin du compte, n'est-ce pas là l'essence même des paroles suivantes qu'a prononcé un jour ce Jésus exemplaire qui constitue notre modèle parfait: "Cherchez D'ABORD le royaume et sa justice et TOUTES les autres choses vous seront données EN ABONDANCE!" Oui, précisez toute votre existence vers des buts qui valent vraiment la peine d'être poursuivis par l'être humain et vous verrez que vous NE MANQUEREZ JAMAIS DE COURAGE dans

117

quelque domaine que ce soit et pour continuer
d'endurer quoique ce soit Oui, vous aussi pourrez
dire: "J'ai vaincu le monde!" des hommes-animaux
dont la majorité gaspillent leur vie à s'entre-déchirer et
à se décourager.

Chapitre 9

Commencez par faire des rêves!

Aucune oeuvre fantastique ne peut être réalisée sans qu'il y ait, à son origine ou à sa base, un rêve quelconque. L'être humain a été fabriqué pour produire du beau, du bon, du bien, du positif, du légitime, de l'agréable, ce qui, en retour, se traduit par de l'harmonie, de l'amour, de la paix, de la tranquillité d'esprit, de la satisfaction, de la joie de vivre, du bonheur, et toujours plus de courage pour pouvoir se remettre à l'ouvrage et produire encore du beau et du positif, toujours de plus en plus agréable et fantastique.

Il suffit qu'une personne ait réalisé une seule chose de valeur pour qu'instantanément, elle soit à même de puiser à l'intérieur d'elle une somme de courage telle qu'elle se remettra sans tarder à l'ouvrage et produira quelque chose d'autre plus fantastique encore. La réussite attire la réussite, sa correspondante, exactement comme l'aimant attire le fer.

Réaliser un seul rêve positif, c'est ouvrir la voie à toute une armée d'autres rêves qui seront plus positifs encore.

Considérons l'exemple d'un vendeur à commission qui, après avoir fait des efforts toute une semaine, n'est pas parvenu à réaliser une seule vente. Voilà qui suffirait à décourager le meilleur des vendeurs.

Le vendeur en question, découragé, arrive chez lui le vendredi soir et dit à sa femme: "Chérie, j'ai décidé d'abandonner la vente. Ce dur de métier n'est pas pour moi." Mais sa femme, courageuse, a beau faire tout ce qui est en son possible pour réconforter et stimuler son mari, elle échoue dans ses tentatives d'aide. Découragé, le mari se couche et dort jusqu'au lendemain matin, le samedi.

Soudain, à neuf heures le samedi matin, le téléphone sonne et l'épouse de notre ex-vendeur découragé va répondre. Au bout d'un instant, la femme va vers son mari qui est encore au lit et lui dit: "Chéri, c'est pour toi. C'est un client potentiel que tu as contacté mercredi qui veut à tout prix te parler." D'un bond, le mari sort du lit et court vite au téléphone. A l'autre bout du fil, la voix d'un gros quincaillier se fait entendre et dit à notre découragé: "Monsieur Dubé, j'ai réfléchi à votre proposition de cette semaine et j'ai décidé de vous passer une première commande d'environ sept mille dollars." Estomaqué et tremblant de tous ses membres, le vendeur, qui avait pourtant décidé, dans son découragement, d'abandonner la vente, répond qu'il sera à la quincaillerie en moins de deux minutes.

Dubé le vendeur se rend à la quincaillerie, prend une commande qui s'élève à plus de neuf mille dollars. Bien plus, il reçoit un chèque en guise d'acompte, une somme de mille cinq cents dollars, soit le montant exact de la commission que recevra le vendeur suite à la vente qu'il vient d'effectuer.

Vous pouvez maintenant imaginer la suite de ce fait vécu que j'ai pris soin d'illustrer ici afin de vous montrer la grande puissance d'un seul projet réussi. Pensez-vous que maintenant qu'il a réussi à réaliser une telle vente, notre découragé de vendeur va aller jusqu'au bout dans l'abandon de son travail? Non, sûrement pas. Et ce vendeur, que je connais très bien, est maintenant propriétaire d'une importante chaîne d'établissements commerciaux. Voilà ce que peut produire un seul succès: il engendre toujours d'autres succès qui seront de plus en plus fantastiques.

L'être de notre génération échoue dans ses entreprises et se lamente tout simplement parce qu'il ne se décide pas à produire au moins une seule réalisation, si minime soit-elle. Produire de soi-même une seule réalisation, c'est comme mettre le pied droit sur la première marche d'un escalier. En effet, il suffit de déposer le pied sur la première marche pour ensuite trouver assez de courage et pouvoir ainsi grimper jusqu'au haut de l'escalier, si élevé soit-il. Mais tant et aussi longtemps que la première marche n'est pas vaincue, le corps ne trouve pas assez de courage pour s'aventurer dans l'escalier. Voilà, en tout, c'est toujours le premier pas qui compte, et une longue et belle randonnée commence d'abord par un premier pas.

Toutes sortes de réalisations sont à la portée de l'humain et le fait d'en mener une seule, si petite soit-elle, à bon port, marque souvent le point de départ vers la réalisation de toute une existence fructueuse. Tout le monde ne pourra peut-être jamais réaliser les oeuvres de Mozart, des Eiffel, des Edison, des Ford, des Jésus, des Noé, des Saint-Paul, des Kennedy, des de Gaulle, des Presley, des Louis de Funès, ou de qui que ce soit d'autre dont la renommée a fait le tour du monde. Mais ce dont tout le monde est capable de faire, c'est de réaliser toutes sortes de petites réalisations quotidiennes qui, lorsque menées à bon port, élèvent l'être humain dans l'accomplissement de choses utiles, légitimes, positives et satisfaisantes. La joie de vivre ne se puise pas uniquement dans la réalisation d'un chef-d'oeuvre; non, elle se puise aussi dans la satisfaction que l'on retire chaque jour lorsqu'on est content et satisfait de soi, heureux d'avoir mené à bien la conduite d'une seule journée de son vécu quotidien.

Voici maintenant quelques réalisations légitimes qui sont à la portée de chacun de nous: trouver et s'unir au conjoint idéal avec lequel nous pourrons goûter toutes sortes de satisfactions heureuses et bien légitimes; engendrer des enfants, les aimer, en prendre soin, les bien éduquer et ainsi trouver sa joie de vivre à travers les heureux services qu'ils rendront à

122

leur communauté; se doter d'un abri qui, sans être luxueux, n'en comblera pas moins nos besoins de se loger; parvenir à la découverte de l'emploi qui, sans nous faire sombrer dans le plus pur matérialisme, contribuera à nos besoins de nourriture et autres nécessités de la vie; faire le petit jardin qui nous tient à coeur et qui, tout en nous permettant de passer des heures agréables à nous unir avec cette merveilleuse terre qui nous nourrit, nous permettra en même temps de découvrir le goût véritable des aliments purs et sains. Apprendre une langue seconde, développer l'art de chanter, de composer, d'écrire; s'adonner au bricolage; s'impliquer dans une oeuvre qui améliore la communauté; effectuer le voyage raisonnable qui nous fait envie depuis tant d'années, ce sont toutes là des réalisations tout à fait légitimes qui peuvent être le lot de la plupart des gens habitant notre planète.

Bien sûr, il se peut que la vie vous ait handicapé dans une certaine facette de votre personne. Mais, même si ce serait votre cas, est-ce une raison de sombrer dans le découragement en vous lamentant et en refusant à tout prix de vous impliquer à fond dans le développement d'un autre rêve légitime et réalisable? Devez-vous vous résigner à gaspiller et gâcher toute votre existence du fait qu'un seul aspect de votre existence soit handicapé?

Combien de gens sont handicapés dans un ou l'autre d'un aspect de leur existence, mais qui, par contre, avec un peu de courage, sont parvenus à découvrir d'autres aspects fantastiques de leur être.

C'est ainsi que des sourds sont devenus d'excellents musiciens, des aveugles sont devenus des artistes de talent, des sans-jambes sont devenus des écrivains valables; et combien d'autres ont goûté la joie de découvrir et de réaliser toutes sortes de choses positives du seul fait qu'ils aient refusé obstinément de se laisser décourager par un handicap quelconque inné à leur condition.

Mais, dans toute la conduite de la vie, absolument rien ne peut devenir possible, ou se réaliser, à moins que le départ vers la réalisation de tel projet ne repose fermement sur un seul rêve. Examinez quelque réalisation que ce soit de l'existence humaine et constatez qu'à sa base il y avait d'abord un rêve.

Avez-vous déjà été témoin qu'un animal ait réalisé quoique ce soit d'intelligent et de bienfaisant, autant pour lui-même que pour les autres individus de sa propre espèce? Un singe a beau être en mesure de faire toutes sortes de pirouettes et se claquer dans les mains devant une foule ébahie, n'empêche que jamais tel singe ne pourra réaliser la construction d'un avion, ni même d'une simple maison pour loger sa propre famille. Un étalon de course a beau valoir un million de dollars, n'empêche que jamais tel étalon ne pourra faire autre chose que courir en rond tel un idiot sa vie durant sur un rond de course. Et dès le jour où il ne rapportera plus assez d'argent aux êtres vils qui l'exploitent, ces derniers le massacreront avec sang-froid. Un taureau a beau être d'une valeur inestimable dans le domaine de l'insémination, n'empêche qu'il ne peut absolument produire rien d'autre que du sperme pour les vaches, une production tout à fait biologique, instinctive et dans laquelle n'intervient absolument aucune action d'une intelligence quelconque.

Mais l'être humain, bien qu'ayant un énorme aspect physique, n'est pas destiné à ne produire que des réalisations qui sont innées aux bêtes. L'être humain qui se résigne à seulement manger, dormir, travailler pour vivre, se reproduire, l'être qui ne vit et ne respire que pour la réalisation de ces seules activités n'est absolument pas différent des animaux. Si l'animal, qui est instinctif, se complaît dans les seules réalisations qui comblent les besoins biologiques de son être, semble heureux et satisfait de lui, eh bien, il n'en est pas du tout ainsi pour l'être humain.

Pour être heureux, satisfait et content de lui, avoir constamment du courage à sa disposition, l'être humain se doit de poursuivre des projets et réaliser des choses qui, ne comblant pas seulement ses seuls besoins biologiques, éveilleront et fortifieront du même coup ses nombreuses et prodigieuses facultés mentales: l'intelligence, la faculté de penser, de raisonner, de réfléchir, de choisir, de décider, de rêver, d'idéaliser, de projeter, de concrétiser, etc. L'être humain que nous sommes trouve sa raison de vivre, son bonheur et son courage seulement lorsque toutes les innombrables facettes de ses facultés mentales entrent en action et sont satisfaites.

Si les animaux n'ont pas de conscience, eux, c'est tout simplement parce qu'ils n'ont pas de facultés mentales à développer, à fortifier et à satisfaire. Mais il n'en est pas ainsi de l'humain. Notre merveilleuse conscience, dont nous seuls sommes dotés sur cette planète, nous approuvera et continuera à nous générer du courage en abondance tant et aussi longtemps que TOUTES nos facultés mentales seront en action et sans cesse fortifiées. La conscience de l'humain va de pair avec les facultés mentales de l'humain, et, en définitive, on peut dire que l'humain ne devient rien d'autre qu'un "légume" si le judicieux processus de l'action de sa conscience, unie harmonieusement avec toutes ses facultés mentales, n'est pas couramment en activité de développement sain et de croissance positive et constructive.

Il importe absolument d'aimer la vie pour pouvoir faire des rêves, étant donné qu'un rêve c'est avant tout un acte d'amour. Par exemple, aucun être humain ne serait vivant si, à son origine, il n'y avait eu un rêve qui ait été alimenté par un acte d'amour. Avant de naître, un être humain n'existe nulle part. Mais dès l'instant où deux êtres vivants, un homme et une femme, décident de rêver à un petit enfant, et qu'ils s'unissent dans un acte d'amour bien précis et légitime, il en résulte donc un petit enfant un jour ou l'autre. Mais où serait donc l'enfant en question s'il n'y avait pas eu de rêve à son origine? Les enfants ne poussent pas dans les jardins; et s'il faut un acte d'amour et d'unité pour les engendrer, il importe qu'il y ait d'abord un rêve pour les concevoir mentalement dans les facultés mentales de l'homme et de la femme qui les engendreront à travers un acte d'amour positif.

Voilà, l'être humain n'est heureux que lorsqu'il conçoit des rêves, élabore des idées, trace des plans et réalise des choses. L'être humain qui est heureux de voir le résultat positif d'une seule réalisation légitime deviendra ensuite à même de puiser dans l'abondante réserve de courage que lui générera l'action approbatrice de sa conscience, ce qui se traduira par le désir de continuer de faire d'autres rêves sains et légitimes, de mener ceux-ci à bon terme, et de recommencer sans jamais s'arrêter ce merveilleux processus sans fin qui, en fin du compte, constitue l'unique raison de vivre de l'être fantastique que nous sommes.

Faites des rêves et assurez-vous qu'ils soient le plus harmonisés possible avec la vie. Assurez-vous que vos rêves soient tout à fait légitimes, utiles et qu'ils ne briment en rien la liberté de vos semblables. Faites que vos rêves deviennent réalité à l'intérieur de votre conscience même, cette sorte de "vision" intérieure contribuera à alimenter positivement et dans le sens de la réalisation de vos rêves toutes les actions positives de vos innombrables facultés mentales.

Si vous rêvez de devenir svelte en vous débarrassant une fois pour toutes de votre poids excédentaire, alors faites en sorte que vos rêves projettent à l'intérieur même du champ d'action de votre conscience l'image de la personne svelte et charmante que vous rêvez à tout prix de devenir.

Si vous rêvez de devenir un jour le conjoint d'une personne formidable, alors projetez à l'intérieur même du champ de votre conscience l'image de ce conjoint idéal que vous recherchez à tout prix. Cette projection au niveau de la conscience mettra en branle le processus générateur de courage, ce qui procurera l'énergie nécessaire à toutes vos facultés mentales vers la réalisation de votre projet: vous unir au conjoint de vos rêves.

Lorsqu'on fait un rêve et que ce rêve est en parfaite harmonie avec notre bonne conscience humaine, tout le courage nécessaire nous est alors généré afin de nous donner les forces et le courage nécessaire pour nous mettre immédiatement à l'oeuvre vers la réalisation de tel rêve. Mais pour trouver le courage nécessaire permettant de mener à bien la réalisation d'un rêve légitime, il importe absolument que la vision la plus claire possible soit projetée, non pas seulement au seul niveau de certaines facultés mentales, mais que telle vision de tel rêve soit clairement dessinée, sur du marbre si l'on peut dire, dans le champ même de la conscience. Ensuite, cette dernière, scrutant le rêve et s'assurant que ce dernier correspond harmonieusement bien avec la vie en général, se mettra à produire le courage et l'énergie nécessaires vers la réalisation concrète. La conscience réveillera, stimulera et générera les facultés mentales afin de les rassembler toutes ensemble vers la réalisation d'un projet bien précis, ensuite la conscience procurera à ces facultés toute l'énergie vitale et le courage qui leur seront nécessaires pour mener le projet concerné à bon port.

Un rêve est bien faible s'il n'atteint que les seules facultés mentales. Le fait de désirer une chose ne produit pas grand énergie vers la possession de telle chose. Le fait de penser à quelque chose n'a pas tellement de puissance pour aller vers la possession de telle chose. Un rêve qui n'atteint que les facultés mentales, soit la pensée, le désir, la réflexion, l'idée, l'ambition, ou quelqu'autre faculté que ce soit, court le risque d'avorter avec le temps.

Mais pour qu'il puisse se réaliser un jour, le rêve doit être catapulté et clairement visionné jusque dans le champ même de la conscience. Il faut que la conscience humaine, constamment en union avec celle de Dieu et les lois harmonisées qui président tout l'univers, puisse scruter à fond le rêve en question avant de décider si elle va l'excuser ou plutôt l'accuser. Si le rêve concerné va à l'encontre de la conscience, voire de l'univers tout entier, alors le soin de sa réalisation sera abandonné aux bras de l'échec absolu. Par contre, si le rêve choisi est tout à fait légitime, harmonisé à tout l'univers, utile pour tout le monde, positif, et dont la réalisation sera génératrice de paix et de bonheur, alors la conscience donnera pour ainsi dire le feu vert aux facultés mentales, et celles-ci, telles de fidèles servantes au service de la conscience, se mettront à l'oeuvre afin de s'orienter vers la concrétisation du rêve impliqué.

Tant de gens échouent dans la concrétisation de leurs rêves pour la raison logique que tous ces gens prennent pour ainsi dire LEURS DÉSIRS ÉGOÏSTES pour des réalités. Prenons à témoin tous ces acheteurs de billets de loterie qui croient pouvoir s'enrichir sans travailler. Prenons aussi à témoin ces maris ingrats qui croient pouvoir abandonner femme et foyer pour aller "refaire" leur vie ailleurs et qui ont le culot de croire qu'ils trouveront le courage nécessaire pour pouvoir mener leur projet égoïste et illégitime à bon port.

Il peut sembler avantageux de bâtir ses rêves à partir du seul fondement des facultés mentales, soit le désir par exemple. Cependant, tant et aussi longtemps qu'un rêve ne s'appuie que sur les seules facultés mentales, il court le risque d'avorter, ou, s'il réussit, il ne produira pas les effets bienfaisants pour tous et finira par sombrer dans l'échec, ce qui, en retour, ne produira que du découragement pour le rêveur émotif ou égoïste.

Rêvez à la personne fantastique que vous voulez à tout prix devenir. Rêvez au conjoint fantastique avec qui vous voulez à tout prix réaliser toute votre existence. Rêvez aux nombreuses choses légitimes et utiles pour tous que vous voulez à tout prix réaliser en harmonie avec tout l'univers et l'être merveilleux que vous êtes. Ensuite, tous ces rêves légitimes, sains et utiles, projetez-les au plus profond de vous-même, c'est-à-dire dans le champ même de votre conscience. Soyez patient et laissez à votre conscience le soin et le temps de scruter vos rêves à fond afin de déterminer, pour votre personne, s'ils sont judicieux, vraiment légitimes, utiles, et s'ils seront pour vous source de paix, de bonheur et de joie de vivre; pas seulement dans le court terme, mais aussi à très long terme, jusque dans l'éternité.

Prenez bien conscience que le prodigieux mécanisme de la conscience, lorsqu'harmonisé entièrement avec l'Auteur intelligent et très puissant de la conscience, travaille pour nous, elle contribue à la direction et l'orientation de toute notre existence. Et cette conscience a des pouvoirs tout à fait prodigieux si on prend le soin de s'harmoniser paisiblement et patiemment avec elle. C'est là, dans les bras de la conscience, qu'il convient d'accoucher de nos rêves si nous tenons à nous doter du courage et de l'énergie nécessaires pour mener à bon port tous les rêves fantastiques, légitimes, sains et utiles dont notre merveilleuse conscience, telle une mère affectueuse prenant constamment soin de nous, aura d'abord permis la réalisation, ceci pour notre plus grande satisfaction, pas seulement la nôtre, mais aussi pour le plus grand bien-être de l'humanité toute entière.

Les facultés mentales sont émotionnelles et il est toujours dangereux d'entreprendre quoique ce soit sur le coup des émotions. Mais tel n'est pas le cas de la conscience. Il n'y a pas d'émotion chez la conscience. Ce qu'elle choisit d'approuver, elle le fait en toute connaissance de tous les faits qui sont impliqués, des faits qui proviennent de la création même et se prolongent jusque dans l'éternité. Il n'y a pas de demi-mesure avec la conscience. Ce qu'elle accuse, elle ne l'approuve absolument pas, et ce qu'elle excuse, elle génère tout le courage nécessaire aux facultés mentales pour permettre de mener à bonne fin le

131

projet se trouvant impliqué. On ne peut pas ensorceler la conscience; soit qu'on s'en serve harmonieusement, soit qu'on s'en prive et qu'ainsi l'on sombre dans l'échec et la perte du courage.

Chapitre 10

Tout dans la vie est question d'attitude

"Quiconque a de la foi gros comme un seul grain de moutarde, déclara un jour le plus grand de tous les maîtres, il pourra dire à une montagne de se soulever et se jeter dans la vaste mer, et elle le fera." Voilà ce qui résume fort bien le pouvoir immense de la foi, cette force prodigieuse qui peut assurer la réalisation de projets qui autrement seraient tout à fait irréalisables sans elle.

Mais sur quoi donc repose la foi, sinon sur le fait de cultiver des attitudes mentales positives et légitimes? La foi signifie l'absence absolue de quelque trace de doute que ce soit. La foi est absolument incompatible avec le doute. Si les doutes sont traîtres et ont le mauvais effet de neutraliser les rêves, les ambitions et de faire avorter les projets les plus légitimes qui soient, il n'en va pas ainsi avec la foi. "La foi, telle que l'a définie Saint-Paul, est la claire démonstration de choses que l'on ne voit pas encore, mais dont notre confiance à l'égard de leur réalisation est absolue."

Mais la foi, soit la confiance véritable absolue, ne croît que dans un champ qui est abondamment engraissé d'attitudes mentales positives et en tous points accordées au reste de l'univers ainsi qu'harmonisées avec les innombrables lois de base même qui régissent tous les aspects de la vie.

"Que tout ce qui est beau, tout ce qui est pur, tout ce qui est chaste, tout ce qui a bon renom, tout ce qui est digne de louange, tout ce qui est vrai, écrivit encore saint Paul, soit là l'objet CONTINUEL de vos pensées." Voilà qui illustre encore de façon on ne peut plus claire l'importance de cultiver constamment que des attitudes positives si l'on tient à saisir fermement la réalisation d'un rêve légitime quelconque.

Ce qu'il y a de vraiment fantastique lorsque nos attitudes mentales sont positives, c'est qu'elles nous permettent de ne bien voir que le seul côté positif d'un projet, un individu ou une réalisation quelconque.

Examinons brièvement le cas d'un vendeur qui fait du porte à porte afin d'offrir un produit ménager quelconque. Soudain, alors qu'il se prépare à mettre les pieds dans l'entrée d'une propriété quelconque, notre vendeur aperçoit un énorme chien noir qui sort de dessous le balcon. A la vue de l'énorme bête, l'imagination du vendeur concerné ne fait qu'un bond et se met à semer la confusion au sein des facultés mentales de notre homme. Jugeant qu'un tel chien, à cause de l'énormité de sa taille, doit absolument être dangereux et méchant, le pauvre vendeur choisit de laisser tomber cette maison.

Cinq minutes plus tard, un autre vendeur, vendant le même genre de produit, mais pour le compte d'une entreprise concurrente, fait à son tour son apparition dans l'entrée de la même propriété. Encore une fois, le chien, selon son habitude, sort de dessous le balcon et se dirige tout droit vers l'inconnu. Mais le vendeur, apercevant l'énorme bête, se met à parler à cette dernière et, tout en lui disant comment elle peut être belle, lui flatte tendrement la nuque. Et le chien, frémissant de tous ses membres sous un tel flot de caresses, se met à lécher amoureusement la main du vendeur. Tout joyeux, le chien retourne sous son balcon, tandis que le vendeur, lui, heureux d'avoir fait plaisir au chien, rentre dans la maison et... réalise l'une de ses plus belles ventes de la journée. Voilà le pouvoir d'une attitude positive!

Immédiatement avant de rédiger le présent chapitre, j'ai eu le privilège de lire un article fort intéressant et très touchant dans un périodique auquel je suis abonné depuis de nombreuses années. Il s'agit de l'excellent périodique positif connu sous le nom de "Réveillez-vous!" Le récit véridique que je viens d'y lire démontre à tel point le pouvoir absolu du fait d'avoir une attitude positive que j'insiste pour le résumer en quelques mots dans le contexte qui nous concerne.

Il s'agit du récit d'un couple marié et parents d'un petit garçon de quatre ans qui, un jour, manifestaient le désir d'avoir une petite fille. Voilà qu'un jour, l'épouse devint enceinte et, à son terme, elle accoucha de la petite fille tant espérée. Mais le lendemain de l'accouchement, le médecin de famille fit venir le père à son bureau afin de lui apprendre l'horrible nouvelle. Sa petite fille était une "mongole", et, de l'avis du médecin, elle ne vivrait guère plus que cinq années, et si toutefois sa vie se prolongeait, ce serait dans l'handicap le plus total.

Mais comment réagit le père en question? Choisit-il la première attitude qui lui viendrait à l'esprit et qui lui dicterait la ligne de conduite suivante: placer sa petite fille dans une sorte de prison pour handicapés et ainsi l'abandonner à son triste sort? Non, le courageux père demanda d'abord à Dieu de l'aide afin d'accepter cette sorte d'épreuve, ensuite, sa femme et lui prirent toutes les dispositions nécessaires afin de combler tous les besoins que nécessiterait un tel enfant. Aussi, se mirent-ils courageusement à l'oeuvre afin de mener à bon port le programme d'éducation approprié qui transformerait finalement leur petite fille mongole en un être humain fantastique, productif et positif.

Voici les heureux résultats obtenus par ces parents positifs et courageux après seulement treize années d'efforts, de courage et d'amour désintéressés: aujourd'hui, à treize ans, leur fille sait lire, écrire, chanter, cuisiner, communiquer avec tous les autres êtres dits normaux, et, voilà ce qui est le plus fantastique, elle s'implique à fond dans une oeuvre merveilleuse et positive qui consiste, en compagnie de ses parents, à promulguer gratuitement des cours bibliques à quiconque en manifeste seulement le désir.

Durant le cours de mon existence, j'ai sûrement rencontré au moins une bonne cinquantaine d'enfants mongols. Et dans quel lamentable état les ai-je aperçus? Handicapés sur à peu près tous les plans. Ne sachant ni lire, ni écrire, ni parler normalement, ni communiquer, et encore moins cuisiner ou coudre, ceux-ci, malgré leur âge avancé, semblaient faire tellement la honte de leurs parents que ces derniers se sont, pour la plupart, empressés de s'en débarrasser. Par contre, l'enfant du récit mentionné plus haut, bien loin de contribuer à la honte de ses parents, leur fait honneur sur tous les plans.

Voilà l'image de parents positifs doués d'innombrables attitudes positives. Et quels heureux résultats ont-ils récoltés suite à leur attitude mentale positive? Des résultats positifs, heureux, légitimes et sains.

La vue d'un verre d'eau dont l'intérieur est à moitié rempli de liquide a depuis très longtemps servi à illustrer la différence entre une personne ayant une attitude positive et une autre ayant par contre une attitude négative.

Placez un verre d'eau, à moitié rempli, et posez-le à la vue d'une trentaine de personnes qui sont assises dans une salle. Et, tout en indiquant de votre main le verre, demandez à tous dans quel état se trouve le verre. Est-il à moitié vide, ou plutôt à moitié plein? Faites le test qui vient d'être cité et vous aussi constaterez que pour la plupart des individus, le verre en question sera "à moitié vide". C'est ainsi que, dans la majorité des cas, la plupart des gens voient les choses: ils les voient de façon négative, à moitié vide.

Un jour, trois compagnons, chômeurs, se rendirent au bureau d'une compagnie manufacturière qui cherchait un employé. Une fois arrivés au bureau du gérant préposé au personnel, les trois compagnons chômeurs se virent dire par le gérant en question que l'emploi offert consistait à balayer les planchers et faire le nettoyage de la salle de travail. De plus, il s'agissait d'un travail de nuit, ceci afin de ne pas nuire aux travailleurs qui oeuvraient à l'usine durant le jour. Dans le groupe des trois chômeurs, deux refusèrent l'emploi, alléguant le fait qu'il s'agissait d'un travail dégradant et qui, par surcroît, aurait le don de perturber au plus haut point leurs activités routinières.

Mais le troisième chômeur, lui, un fils de cultivateur, accepta joyeusement le poste. Il était tellement enchanté d'avoir enfin un emploi, qu'il n'en finissait pas de remercier le gérant du personnel. Afin de compléter la formule d'engagement, le gérant demanda au courageux garçon combien il espérait recevoir en guise de salaire. Et le brave garçon, honnête travailleur, déclara au gérant qu'ils reparleraient du salaire dans deux semaines seulement. Etonné, le gérant demanda au garçon la raison de son refus d'aborder la question du salaire. Et celui-ci, relevant courageusement et fièrement la tête, répondit au gérant du personnel: "Voyez-vous, monsieur Trudel, je sais que vous ne me connaissez pas et je ne veux absolument pas abuser de vous. Laissez-moi faire deux semaines sans déterminer de salaire. Ensuite, si vous constatez que je ne fais pas l'affaire, vous me donnerez ce que vous voudrez et je m'en retournerai chez moi. De cette façon, vous ne perdrez pas grand chose. Par contre, si, après que j'aurai fait mes preuves, vous constatez que je puisse être d'une certaine utilité pour mener à bien la mission entreprise par votre Compagnie, alors vous établirez le salaire que je mérite et je serai heureux de ce que vous me donnerez car je me fie entièrement à votre jugement."

Inutile de vous raconter la suite de cette histoire authentique. Aujourd'hui, dix ans plus tard, les deux ex-amis de notre courageux et dynamique balayeur sont sur le bien-être social, tandis que le courageux ex-chômeur est gérant-général de la manufacture qui l'emploie et dont il est devenu un actionnaire.

Un jour de l'an 29 de notre ère alors qu'il marchait tranquillement sur la rive d'une mer, Jésus aperçut un groupe de pêcheurs. S'approchant du groupe, Jésus leur offrit de venir à sa suite et que lui il en ferait des pêcheurs d'hommes. Inutile de vous dire que la majorité des pêcheurs en question se mirent à rire de Jésus et à se moquer de lui. Comment, eux qui étaient tellement absorbés par la recherche des seules nécessités pécunières de leurs personnes, s'abaisseraient-ils au point de suivre un inconnu, ce jeune prédicateur ayant pour nom Jésus de Nazareth! Et vous connaissez la suite. Aujourd'hui, à peu près deux mille ans plus tard, des individus aussi positifs que Pierre, André, Jean, Jacques et les autres, se sont faits une réputation et un nom qui sont pas mal plus populaires que ceux de tous les César de l'empire romain réunis. Et que sont devenus les compagnons négatifs des quatre hommes mentionnés? Ils ont sombré dans la plus totale indifférence.

Lorsqu'un rêve devient enfin approuvé par la conscience, c'est-à-dire qu'il est en parfaite harmonie avec les besoins légitimes et utiles, non seulement pour le bien-être de l'être qui a enfanté du rêve impliqué, mais aussi pour tous les humains, il ne faut absolument pas douter de sa réalisation future. Il ne faut jamais perdre de vue que tant et aussi longtemps qu'un rêve ou un projet est légitime, sain, utile et réalisable, il finira par se réaliser tôt ou tard.

Observez attentivement les lois immuables qui président au fonctionnement des lois universelles qui nous entourent. La planète Terre a été formée pour remplir un besoin ou une fonction légitime et utile. Que dire de la Terre à notre époque, après des dizaines et des dizaines de milliers d'années d'existence? Remplit-elle toujours sa mission? Oui, elle tourne sans cesse, sans jamais s'arrêter, sans soubresauts, et elle remplit admirablement toutes les tâches qui lui étaient innées à son origine.

Lorsque vous observez la planète Terre, avez-vous peur qu'elle se mette à arrêter de tourner, ou qu'elle se dirige en folie vers le soleil? Et pourquoi de telles questions ne vous viennent-elles même pas à l'esprit? Tout simplement parce que vous avez CONFIANCE à la stabilité de la Terre.

Lorsque vous vous couchez le soir, êtes-vous inquiet à l'idée que votre coeur, organe fragile, pourrait bien s'arrêter de battre lorsque vous serez endormi?

Quelle catastrophe pour nous, les humains, s'il fallait que notre coeur cesse de battre quand nous sombrons dans l'inconscience du sommeil! Mais si la question de savoir si notre coeur va continuer de battre, même quand nous dormirons, ne nous vient à peu près jamais à l'esprit, c'est simplement dû au fait que nous avons une CONFIANCE totale au prodigieux mécanisme perpétuel qui assure les battements constants de notre coeur, cet organe vital pour notre existence.

Pour quelle raison êtes-vous absolument convaincu qu'une femme enceinte va enfanter d'un petit bébé humain, qu'une vache va accoucher d'un veau, qu'une chatte va avoir des chatons, etc.? Parce que votre CONFIANCE à l'égard de la loi qui préside aux espèces de vie est immuable et absolument sûre.

Tout l'univers qui nous entoure et au sein duquel l'on existe constitue pour nous la garantie permanente et absolue de la CONFIANCE que nous pouvons accorder à toutes les lois de la vie. Les lois de la vie sont dignes de recevoir toute notre confiance, et si jamais nous constatons que quelque chose pourrait mal fonctionner au niveau de quoi que ce soit, c'est uniquement à cause des effets désastreux et négatifs des humains méchants si telles lois sont endommagées, telles les lois climatiques, de la santé, la pollution, etc.

La CONFIANCE est donc à la base des attitudes que nous sommes à même de générer. Si notre conscience, une fois qu'elle a approuvé un projet, est disposée à générer le courage nécessaire nous permettant de mener à bon terme le projet concerné, c'est notre CONFIANCE sans défaut à l'égard de la réalisation de tel projet qui permettra à l'émission de notre courage de demeurer ininterrompue.

Dès l'instant où l'on commence à être assailli par le doute, ce dernier perturbe nos facultés mentales et, tel un dérangement dans les antennes mêmes de l'âme, notre vie, il coupe la poursuite de notre personne vers la réalisation d'un projet de la source même du courage nécessaire qu'il nous faut pour nous permettre de ne jamais abandonner notre course vers la mission à accomplir.

S'il nous faut du courage pour ne jamais abandonner la poursuite d'un objectif juste, utile et légitime, c'est la confiance totale dans la réalisation assurée de tel projet qui assure sans cesse le fonctionnement positif de toutes nos facultés mentales.

S'il faut du courage pour CONTINUER, il faut du désir de réussir pour aller jusqu'au bout de son projet. S'il faut du courage pour continuer de poursuivre un objectif, il faut aussi de l'amour, de la paix, de la joie, de la maîtrise, de la patience, etc. pour aller sans cesse vers l'objectif à atteindre.

L'amour, le désir, la patience, l'amélioration constante, ce sont là des fruits provenant des attitudes mentales qui sont en nous; la pensée, l'idée, le sentiment, l'émotion, etc.

Si le courage qui nous permet d'avancer pourrait se

comparer au combustible qui permet à une automobile d'aller de l'avant, on pourrait comparer les attitudes mentales au feu produit par les bougies d'allumage et qui permet de brûler le combustible permettant d'avancer. Même si le réservoir d'une automobile est rempli à pleine capacité, tel combustible ne sert pas à grand chose si les bougies d'allumage ne produisent pas d'étincelle pour enflammer puis utiliser positivement le combustible.

De même, le courage ne sert pas à grand chose si l'être n'a pas les attitudes mentales positives servant à enflammer puis à user de ce prodigieux carburant qu'est le courage.

La qualité et la pureté des pensées, la grande valeur des idées, la précision des plans, la certitude absolue de réussir un jour ou l'autre, la maîtrise de soi, la patience, l'amour, la joie, la paix, la douceur, la tendresse, la légitimité des désirs, ce sont toutes là de merveilleuses facultés mentales positives qui, lorsqu'allumant le carburant qu'est le courage, permettent ensuite d'aller sans cesse de l'avant, d'aller vers le but à atteindre: LA RÉALISATION DU RÊVE LÉGITIME ET UTILE!

En conclusion, pour reprendre les sages paroles du Maître des maîtres, "Qu'il vous advienne selon votre foi!"

Chapitre 11

C'est dans les habitudes que s'édifie l'humain

On peut affirmer que tout, dans la vie, est une question d'habitudes! Qu'il s'agisse de l'habitude de se lever le matin pour aller travailler, préparer les repas, faire les courses, se coucher le soir à telle heure, se raser la barbe, faire le lavage, préparer les rapports d'impôt, traire les vaches, etc... oui, à peu près tout, dans la vie, est une question d'habitudes prises un jour ou l'autre.

Prenons l'habitude de parler une langue quelconque. Le bébé vient-il au monde avec la connaissance innée de la langue de ses parents? Non, il est démontré que c'est l'habitude de vivre avec des parents de telle nationalité qui communique tel langage à un bébé quelconque.

Les bébés chinois naissent-ils avec le goût prononcé pour le riz? Non, c'est l'habitude que leur transmettent leurs parents à propos de cet aliment qui fait qu'une fois qu'ils sont devenus grands, les enfants chinois communiquent à leur tour l'habitude du riz à leur progéniture.

Pour quelle raison disons-nous: "Tel père, tel fils!" ou "Telle mère, telle fille", ou encore "Dis-moi qui tu fréquentes, je te dirai qui tu es"? Oui, d'où originent ces maximes sinon des seules habitudes de langage, ou de vie qu'ont l'immense pouvoir de se communiquer les gens, qu'il s'agisse des relations familiales ou amicales. Le pouvoir de se transmettre mutuellement des habitudes est tout simplement prodigieux. Dès l'instant qu'on évolue, que ce soit par les liens familiaux ou amicaux, dans un milieu donné, de nouvelles habitudes de vie se mettent à s'incruster en permanence dans toute notre personne.

L'habitude peut avoir deux sortes d'effets diamétralement opposés chez l'individu, qu'il s'agisse d'un humain ou d'une bête. Ces effets peuvent être bons, c'est-à-dire positifs, ou bien mauvais, soit négatifs. C'est donc dire qu'il importe de bien surveiller la sorte d'habitudes qui sont actuellement en formation dans toute notre personne.

Ce qu'il y a de fantastique avec l'acquisition d'une habitude, c'est qu'une fois qu'elle se trouve solidement incrustée dans tout notre être, elle a alors le pouvoir de nous rendre la vie bien plus facile. On peut dire qu'une habitude acquise nous permet de réaliser, non pas seulement de nombreuses économies de temps et d'argent, mais aussi des économies d'énergies mentales.

En effet, la personne qui développe une certaine habitude dans un domaine quelconque pourra économiser toutes sortes d'énergies mentales, ce qui signifie qu'étant plus libre mentalement, telle personne pourra concentrer ses efforts vers l'accomplissement de projets qui exigent que des idées soient promulguées, que des choix soient tranchés et que des décisions soient finalisées. Mais quel gaspillage d'énergie mentale doit se résigner à récolter l'individu qui est mal servi par les fidèles servantes que constituent les habitudes.

Examinons brièvement l'heureux pouvoir des habitudes et voyons comment elles peuvent bien servir l'être de la réussite.

Considérons l'exemple d'une personne qui cultive et acquiert la formidable habitude de faire le jour même ce qu'elle doit faire. Possédant telle habitude, soit l'habitude de la promptitude, la personne en question s'empressera d'acquitter ses factures et ses dettes au fur et à mesure qu'elles se présentent à elle. De plus, cette bonne habitude l'empêchera de payer des frais en intérêts à cause de la mauvaise habitude de retarder à acquitter ses factures; ce qui, au bout du compte, se traduira par l'acquisition d'une meilleure réputation et solvabilité.

Mais que récolte l'individu qui a la mauvaise habitude de toujours remettre au lendemain dans le domaine du paiement des comptes, sinon de devoir payer des frais supplémentaires et aussi de ternir, et peut-être même ruiner à jamais sa réputation?

Que dire maintenant de la personne qui a la bonne habitude de se lever de son lit le matin dès le premier coup de sonnerie du cadran? Une telle habitude ne peut que bien servir la personne en question, que ce soit en bonne humeur, ou en temps pour se préparer un bon petit déjeuner nourrissant, ou pour être à l'heure au travail. Ce qui, au bout du compte, se traduira, pour telle personne qui possède telle habitude, par préserver sa santé, sa bonne humeur, son moral, son emploi, sa réputation, etc.

Nous savons tous qu'il y a beaucoup de personnes qui parlent trop. On dit que ce qui fait le plus grand malheur de la plupart des gens, c'est qu'ils ont la langue un peu trop bien pendue. Mais que produit l'habitude consistant à trop parler sinon des regrets, des remords, des jugements impulsifs, des pertes d'amitiés, des querelles, des calomnies, des médisances, des coups parfois et même des meurtres dans certains cas.

Par contre, que peut espérer récolter la personne qui s'est consciencieusement appliquée à cultiver la bonne habitude de se montrer réservée dans ses paroles? De l'absence de repentir, de remords; la conservation des amis, la paix, la tranquillité d'esprit, etc.

L'acquisition de bonnes habitudes positives est un atout indispensable pour l'être qui veut à tout prix parvenir à la réussite d'un projet légitime, réaliste, utile et positif quelconque.

On pourrait comparer l'habitude à une boîte de vitesses dans une automobile. Pour pouvoir prendre son élan vers l'avant, le conducteur d'une automobile doit embrayer la transmission de la voiture en première vitesse. Ensuite, il change en deuxième vitesse, en troisième, ceci jusqu'à ce que le véhicule ait atteint une certaine vitesse pour que le conducteur puisse finalement passer en dernière vitesse, c'est-à-dire en quatrième ou en cinquième, dépendant du nombre de vitesses dont est dotée la boîte de transmission.

Au début, l'automobiliste doit faire les efforts de changer de vitesses, soit en partant de la première, en passant par la seconde et la troisième, ceci jusqu'à la quatrième ou la cinquième vitesse. Mais dès que le véhicule se trouve embrayé sur la dernière vitesse, le conducteur n'a à peu près plus d'efforts à déployer, sauf de conduire et de peser sur l'accélérateur. On peut dire que le véhicule se mène de lui-même, sur son air d'aller.

Il en est ainsi pour le lourd avion qui se prépare à s'envoler dans les airs. Tant qu'il roule sur la piste, le pilote de l'avion en question doit faire tourner les moteurs de sorte qu'ils devront déployer leurs plus gros efforts. Mais dès que l'avion est dans les airs, et qu'il a atteint sa trajectoire de croisière, le pilote coupe les gaz de plusieurs degrés, ce qui permet au lourd appareil de voler sans efforts, tout en dépensant beaucoup moins de carburant.

Voilà le grand pouvoir de l'habitude. Nous permettre d'économiser nos énergies, autant physiques que mentales.

Acquérir l'habitude d'agir à un moment donné nous permet d'économiser de l'énergie mentale en ce sens qu'on n'a pas à faire les efforts de penser, choisir ou décider si, oui ou non, on doit faire telle ou telle chose. De plus, l'habitude d'agir quand il le faut nous évitera de devoir gaspiller notre temps et nos énergies physiques afin de quémander notre subsistance. Enfin, l'habitude d'agir quand il le faut, et de BIEN agir nous permettra de réaliser toutes sortes d'économies en ce sens qu'on n'aura pas à recommencer ce que l'on aurait mal fait.

C'est dans l'application constante des toutes petites choses, qui se situent aux choses élémentaires de la conduite de notre vie que se cultivent, se développent, puis s'acquièrent les bonnes habitudes de vie. "Celui qui est fidèle dans les petites choses l'est aussi dans les grandes." Vous avez sûrement déjà entendu parler de ces paroles évangéliques très bien connues depuis des milliers d'années. Cependant, bien que connues, on peut dire que ce qui fait le malheur de bien des gens de notre époque réside dans le fait de ne pas appliquer ces sages et prodigieuses paroles dans la conduite élémentaire de la vie.

Et que doivent se résigner, bien malgré eux, à payer la plupart des gens de notre ère qui échouent dans la plupart des aspects de leur existence; qui échouent à cause du refus obstiné d'appliquer cette règle aussi simple qui déclare que "Celui qui est fidèle dans les toutes petites choses l'est aussi dans les grandes"? Des échecs dans la poursuite de leurs objectifs, des malheurs, de la perte de la joie de vivre, et... du découragement, c'est-à-dire du manque de courage pour pouvoir continuer à courir la merveilleuse course qui consiste à devenir l'être humain formidable que l'on désire être et que l'on doit être si l'on tient au vrai bonheur.

Voici maintenant de quelles merveilleuses façons la fidélité dans la conduite des toutes petites choses de la vie peut produire en nous des habitudes fantastiques et dont le pouvoir prodigieux peut nous permettre de réaliser de véritables prodiges de réalisations légitimes, tout ceci sans que nous n'ayions trop d'efforts à déployer une fois que telles habitudes se solidifient en permanence à travers tout notre être.

Considérons l'exemple d'une personne devenue obèse qui veut à tout prix se départir de ses kilos de graisse superflue. Bien sûr, telle personne devra compter sur beaucoup de courage pour atteindre l'objectif légitime convoité, ce qui signifie revenir à des proportions un peu plus normales et humaines. Mais tout le courage déployé, ainsi que le concours si positif soit-il de toutes les facultés mentales ne sert pas à grand chose si notre obèse ne fait pas l'effort de cultiver puis d'acquérir de nouvelles habitudes alimentaires. Cependant, dès que les habitudes alimentaires néfastes ou négatives sont changées ou remplacées par des habitudes alimentaires positives ou raisonnables, le combat devient beaucoup plus aisé pour l'obèse concerné.

C'est la même chose pour la personne qui veut à tout prix apprendre une nouvelle langue. Même si le courage y est, et que toutes les attitudes mentales sont des plus positives, tout ça ne sert pas à grand chose si la personne concernée ne cultive et n'acquiert pas de solides habitudes de travail. Mais dès l'instant où telle personne a enfin incrusté dans tout son être l'habitude d'étudier telle langue durant une période bien déterminée, soit de sept à neuf heures le soir par exemple, elle peut être alors assurée de remporter la victoire qui la mènera vers l'acquisition d'une langue seconde.

De nos jours, notre communauté est remplie d'individus qui sont en chômage et qui, bien tristement, se sont résignés à gaspiller toute leur existence à végéter lamentablement sur l'assistance publique. Mais pour quelle raison se condamner ainsi à l'inaction et à un tel gaspillage d'énergie et de productivité alors que les ressources humaines dans le domaine de l'emploi sont à peu près illimitées?

Combien d'ex-chômeurs, du seul fait d'avoir cultivé et acquis de solides habitudes d'études et de transformations ont pu se recycler dans une autre forme de productivité; ce qui, en retour, s'est traduit par de l'emploi, de la satisfaction, de la joie de vivre, du bonheur, et toujours plus de courage. Mais pour se recycler dans un secteur aussi vital que le domaine de l'emploi, il importe absolument que des choix d'habitudes soient décidés: abandon de l'habitude consistant à gaspiller son temps libre devant le petit écran ou à la brasserie; abandon de l'habitude du négativisme; acquisition de l'habitude de la ponctualité et de l'étude; acquisition de l'habitude au positivisme, etc. Voilà de quelle prodigieuse façon les habitudes pourraient très bien servir le monde de l'emploi.

Je connais un homme d'une cinquantaine d'années qui est devenu très riche du fait d'avoir cultivé une solide habitude de vie dans une toute petite facette de son existence. Auparavant, soit il y a à peu près vingt ans de cela, cet homme avait développé l'habitude de s'enivrer. De fil en aiguille, de verre en verre, devrais-je plutôt dire, cet homme, suite à son habitude de boire plus que la raison, était devenu alcoolique. Dernièrement, le type en question me raconta qu'il était tellement pauvre à l'époque que sa famille était vêtue grâce à la charité de parents charitables.

Un bon jour, cet homme, riche aujourd'hui et autrefois pauvre, décida de changer tout à fait ses habitudes dans le domaine du boire. Il fit de vigoureux efforts pour développer en lui l'habitude de l'abstinence, ce qu'il parvint à acquérir et à incruster dans tout son être, non sans avoir déployé de vigoureux efforts il va sans dire. Mais quels heureux résultats cette seule bonne habitude de l'abstinence a pu produire chez cet homme d'affaires devenu très riche! Je n'ai pas l'intention de citer ce cas aux seules fins de mettre l'accent sur les biens matériels, ce qui n'a pas tellement d'importance après tout. Mais si je cite ce cas, c'est afin de démontrer le grand pouvoir que peut posséder une seule bonne habitude développée et acquise dans une seule facette de l'existence. Chez l'homme de mon récit véridique, le changement de l'habitude dans le boire a permis d'abondantes récoltes de bienfaits légitimes et utiles dans toutes les autres facettes de son existence, pas seulement la sienne, mais aussi pour son conjoint, ses enfants, sa communauté.

Je connais une excellente ménagère qui était en train de détruire son ménage à cause de sa mauvaise habitude de critiquer tout le temps. Quoi que disait son mari, ou ses voisins, cette femme trouvait toujours le moyen d'apporter son grain de sel négatif. À ses yeux, son mari n'était qu'un raté et tout le monde était indigne de vivre, mais bien que cette femme était dotée d'excellentes qualités dans d'autres domaines, n'empêche que sa mauvaise habitude de la critique allait bientôt ruiner son ménage. Et voilà qu'un bon jour, elle mit la main sur un ouvrage positif qui l'incita à tant de réflexions et d'examen personnel que la femme en question décida d'abandonner son habitude de la critique négative. Au début, cette charmante et brave femme dut faire des efforts terribles pour se débarrasser de sa mauvaise habitude; autrement dit, elle dut ouvrir les gaz à fond. Cependant, une fois que l'habitude du compliment positif eut pris le dessus et se fut solidement incrustée dans tout son être, c'est à peu près à partir de ce moment-là que le soleil fit vraiment son entrée dans le foyer du couple mentionné. Les dernières années furent fantastiques pour le ménage en question; ce furent des années de joie de vivre, de succès dans tous les domaines, de bonheur et de courage indéfectible pour pouvoir mener à bon port tous les projets légitimes et sains qu'ait pu planifier ce couple.

L'habitude de mal s'alimenter, l'habitude de critiquer, l'habitude de se plaindre à propos de tout, l'habitude de se montrer négatif, l'habitude de bavarder, l'habitude du tabagisme, l'habitude de l'alcoolisme, l'habitude d'être constamment en retard, l'habitude de mal juger, l'habitude de la paresse, l'habitude de la négligence, ce sont toutes là des habitudes absolument négatives qui n'ont aucune place ni raison d'être dans l'existence de l'être qui projette de s'orienter vers la glorieuse réussite de toute sa personne.

Bien sûr, il faut déployer au début de vigoureux efforts pour pouvoir cultiver puis acquérir en soi une bonne habitude de vie. Mais une fois qu'une habitude positive s'est solidement implantée en soi, et qu'elle s'est incrustée à travers tout l'être, c'est seulement là qu'on devient à même de saisir toute la valeur prodigieuse d'une seule bonne habitude.

L'habitude de bien penser produit à la longue l'habitude de bien agir. L'habitude de bien manger produit à la longue une meilleure santé. L'habitude de la ponc-

155

tualité, de l'honnêteté et de la fidélité dans les choses les plus minimes de la vie produisent à la longue une solide réputation, ce qui est absolument vital pour l'être de la réussite, dans quelque domaine que ce soit. L'habitude du pardon produit la paix. L'habitude du travail ponctuel bien accompli produit un chef-d'oeuvre.

Une fois qu'une bonne habitude est suffisamment développée et bien implantée, au point d'envahir tout l'être, celle-ci devient une sorte de levier hydraulique qui peut permettre de passer à travers toutes sortes d'obstacles difficiles et ainsi parvenir avec allégresse au succès. Un automobiliste aurait pas mal de difficulté à soulever son véhicule afin de changer le pneu qui est crevé au-dessous. Mais son travail se trouve pas mal facilité du fait qu'il utilise un levier hydraulique ou même manuel.

On peut dire que la bonne habitude acquise est comparable à un levier qui a le pouvoir de nous élever vers des sommets toujours plus positifs et productifs.

En somme, lorsque la bonne habitude s'allie aux facultés mentales positives, et que ces dernières sont soigneusement alimentées du courage indéfectible et constant que génère la bonne conscience de l'être, que peut-il bien arriver d'autre que des succès, du bonheur et de la joie de vivre perpétuelle à tel être fantastique! Oui, si l'habitude d'un seul petit bonbon quotidien peut mener à l'obésité, par contre l'habitude d'un seul dollar économisé quotidiennement peut fort bien produire le capital requis pouvant marquer le point de départ vers un grand succès financier. Et si l'habitude du bavardage peut démolir la plus vieille amitié, l'habitude d'un seul compliment quotidien peut produire la plus heureuse cellule familiale. Enfin, souvenez-vous qu'il suffit qu'un seul acte soit semé dans les riches sillons du champ de notre être pour finalement récolter toute une gerbe de merveilleuses habitudes positives.

POINTS SAILLANTS À RETENIR
DE LA DEUXIÈME PARTIE DE CE LIVRE

Du chapitre 5

Si vous voulez absolument vous débarrasser pour de bon de votre découragement, il faut commencer par vous examiner à fond. C'est-à-dire que vous devrez pénétrer au plus profond de votre être, car c'est à ce palier de votre personne que se déroule vraiment toute votre existence. Apprenez à oublier une fois pour toutes la personne que vous êtes extérieurement et ne cessez de fixer votre regard sur ce qui en vaut vraiment la peine, soit la transformation positive de la personne formidable que vous voulez devenir à l'INTÉRIEUR. Pour vous transformer en personne courageuse, il va vous falloir détourner votre regard des seules choses matérielles de la vie, des choses primitives soit, et faire pénétrer votre perception personnelle de vous-même jusqu'au plus profond de vous-même.

Du chapitre 6

Une fois que vous aurez pris la bonne habitude de pénétrer au plus profond de votre être, mettez-vous donc à l'oeuvre et profitez-en pour effectuer un examen honnête de la personne réelle que vous êtes à l'INTÉRIEUR. Analysez de quelle façon vous avez vécu jusqu'à aujourd'hui et constatez ce qui a primé dans le parcours de votre vie. Si vous accomplissez le plus honnêtement possible cet examen intérieur, sans doute découvrirez-vous des habitudes de vie qui sont loin d'être positives. Aussi, vous découvrirez peut-être que si le courage n'a pas toujours été à vos côtés lorsque le besoin se faisait sentir, peut-être est-ce dû au fait que certains aspects de votre existence étaient un peu trop axés sur des choses qui, au fond, n'en valaient pas tellement la peine.

Du chapitre 7

Allez à la découverte de vous-même, soit au plus profond de votre être, c'est-à-dire la conscience. Découvrez jusqu'à quel point une bonne conscience peut être vitale pour la réussite de toute votre existence. Les paroles que nous disons et les gestes que nous posons se doivent absolument d'être en tous points harmonisés avec la conscience si nous tenons à ce que nos résultats de vie extérieure soient positifs, heureux et sans cesse générateurs de courage.

Du chapitre 8

Précisez donc votre merveilleuse existence en ne vous orientant que vers les seuls objectifs qui valent vraiment la peine d'être poursuivis et qui ne vous procureront pas autre chose que du bonheur et toujours plus de courage une fois que vous les aurez atteints. Si tous vos objectifs, de quelqu'aspect que ce soit de votre existence, sont en tout temps orientés vers le bien, le beau, le légitime et l'utile, soit dans le sens même de l'univers et la vie, alors vous pouvez être persuadé de l'excellence de la récolte.

Du chapitre 9

Toutes les réalisations quotidiennes qui nous entourent sont les fruits de rêves qui, un jour ou l'autre, ont pris naissance dans l'esprit de quelqu'être que ce soit. À l'inverse, on peut dire que pour réaliser des choses utiles et positives, il faut d'abord commencer par faire des rêves. Et ces rêves, pour pouvoir déterminer s'ils sont légitimes et sains, il importe qu'ils soient déposés dans le champ même de la conscience. Et la conscience, elle, prendra le temps de bien examiner le rêve concerné afin de s'assurer s'il correspond parfaitement à tout ce qui est sain, légitime, heureux et générateur de bonheur et de courage. Dès lors, une fois que la conscience approuve tel rêve, elle stimule courageusement toutes les facultés mentales afin de conditionner tout l'être dans le sens de la réalisation de tel rêve légitime et utile.

Du chapitre 10

Un verre a beau être à moitié rempli, n'empêche que pour la plupart des gens, tel verre sera perçu comme étant à moitié vide. Un gros chien a beau être très doux, n'empêche que pour bien des gens, la seule vue d'un énorme chien signifie instantanément qu'il est obligatoirement méchant. Les attitudes négatives sont toujours nuisibles et elles n'ont pas leur place parmi les facultés mentales de l'être de la réussite. Les attitudes négatives engendrent le doute, et ce dernier, à son tour, a pour mission principale de détruire tout germe de foi se trouvant à l'intérieur du champ mental. Le doute est le produit immédiat des attitudes négatives, et ce poison mortel doit absolument être rejeté du champ fertile des facultés mentales.

Du chapitre 11

Une habitude positive, c'est une sorte de levier hydraulique qui permet à son possesseur de pouvoir s'élever vers le sommet. Bien sûr qu'une habitude positive ne se développe pas sans déployer de vigoureux efforts au début afin de l'acquérir. Mais une fois que telle habitude s'est solidement incrustée à travers tout l'être, elle constitue une sorte de force prodigieuse en ce sens qu'elle assure une grande économie d'énergie, autant d'ordre mental que physique. Lorsque la conscience génère tout le courage nécessaire aux facultés mentales, et que ces dernières sont fermement appuyées sur des habitudes de vie absolument indéfectibles, il ne reste plus alors à l'être de la réussite que de se pencher et récolter les merveilleux succès qui l'attendent au prochain tournant. C'est dans l'application fidèle et constante de l'accomplissement des toutes petites choses de l'existence que se cultivent, se développent puis s'acquièrent les habitudes.

Le Courage
et les Autres

Chapitre 12

Ouvrez les yeux et observez les autres

Maintenant que nous avons examiné à peu près tout ce qu'il nous était personnellement possible de faire, à l'intérieur de soi-même, pour contribuer à nous doter d'excellentes doses de courage, nous détournerons les regards de notre petite personne et nous nous lancerons à la découverte des autres êtres humains qui nous entourent.

Ce qui a toujours fait le malheur du monde, ce qui continue toujours de se faire d'ailleurs, c'est l'égoïsme insensible que la plupart des humains s'obstinent à conserver avec une sorte de soin jaloux à l'intérieur de leur propre personne. C'est la détestable obstination de chercher à ne vivre uniquement que pour soi qui est à la base de pas mal de maux récoltés par notre pauvre humanité.

Mais dans le bagage que porte avec elle la personne de la réussite, il n'y a absolument pas de place pour l'égoïsme. L'être de la réussite comprend très bien que ses réussites ne peuvent absolument pas se récolter sans qu'intervienne le précieux concours de l'humanité toute entière. En fait, l'interdépendance des humains est essentielle à leur succès, voire à leur survie.

Examinons maintenant certains aspects de notre vécu et constatons jusqu'à quel point nous ne serions à peu près rien sans le précieux concours des autres êtres qui nous entourent. Et le fait de bien comprendre ce point de base est capital pour l'être qui aspire à la réussite de toute son existence.

Pour un moment, considérons notre propre vie. Où serions-nous donc si deux êtres humains, notre père et notre mère, ne s'étaient pas unis dans toutes sortes d'efforts courageux et d'amour afin de nous transmettre le précieux souffle de vie qui se trouvait en eux? Oui, que serions-nous si nos parents s'étaient montrés égoïstes à l'égard de la vie, s'ils s'étaient obstinés à garder pour eux seuls la vie qui circulait en eux? Comprenons bien que sans l'amour et le courage de nos propres parents, nous n'existerions même pas.

Mais nos parents ne nous ont pas légué seulement la vie. Si vous êtes parents, nous devons certainement connaître la somme d'efforts qu'il est nécessaire de déployer pour convertir un bébé naissant en un adulte fort, sain, équilibré, instruit, éduqué et utile pour toute la communauté. Dès les premiers instants de notre existence, notre mère s'est amoureusement occupée de prendre soin de nous, nous allaiter, nous laver, nous bercer, nous consoler, nous soigner, nous sauver la vie à maintes reprises. Et le père, lui, que d'heures de dur travail il lui a fallu effectuer afin de pourvoir à toutes les nécessités de notre vie. Et tout ça, il l'a fait sans se plaindre ni exiger de nous quoi que ce soit en retour.

Que dire maintenant de ceux qui, aux écoles, se sont occupés de notre éducation et se sont dépensés sans compter afin de nous doter du bagage de connaissances qui nous permettraient de pouvoir subvenir à nos propres besoins un jour. Nos éducateurs ne nous ont pas transmis uniquement des connaissances pour nous faciliter l'emploi, mais ils nous ont aussi montré à écrire, à lire, à compter, à chanter, à observer, à aimer, à secourir, à pardonner, à bien nous alimenter; ils nous ont initiés à l'hygiène, à la contemplation de la nature et que de choses encore.

A présent que vous volez de vos propres ailes, il se peut fort bien que certaines facettes de votre vie soient une réussite. Si la vie vous favorise en vous permettant d'oeuvrer dans l'emploi qui vous plaît et qui vous permet de bien vivre, pouvez-vous vraiment prétendre que cette réussite soit le résultat de vos seuls efforts? Par exemple, que vous soyez médecin, chanteur, musicien, avocat, chauffeur de taxi, menuisier ou bien mécanicien, à quoi se résumerait votre travail et votre réussite s'il n'y avait pas d'individus en mauvaise santé, d'autres qui ont besoin de la loi, d'autres encore qui paient pour vous entendre chanter, d'autres qui ont besoin de se faire transporter, ou bien des gens qui achètent des maisons et d'autres dont les véhicules sont en panne? Quel que soit le genre d'emploi dans lequel vous oeuvrez, que vous soyez infirmière ou boucher, votre emploi n'est possible et rémunérateur que parce d'autres êtres humains souffrent ou manifestent le besoin de se nourrir, se loger ou se vêtir.

Bien sûr qu'il faut déployer une certaine forme d'énergie et de courage pour grimper un escalier. Il faut aussi déployer de l'énergie et du courage pour escalader une haute montagne. Cependant, comment un individu pourrait-il grimper un escalier ou escalader une montagne si l'escalier et la montagne n'existaient pas? Qu'y aurait-il à grimper ou à escalader si personne n'avait construit d'escaliers ou créé des montagnes? Donc, à qui revient le mérite d'avoir grimpé ou monté? A l'individu qui a fourni l'effort courageux de monter ou bien à l'individu qui a bâti l'un et l'autre?

Vous êtes peut-être une excellente cuisinière. Mais bien que vous ayez déployé de vigoureux efforts courageux pour devenir la cuisinière que vous êtes, savez-vous que vous ne seriez rien du tout si ce n'eût été de vos parents qui vous ont transmis la vie. De plus, bien que vivante et dotée de beaucoup de talents culinaires, vos talents ne vous serviraient pas à grand chose si ce n'était de tous ces gens qui doivent continuer de se nourrir pour vivre.

Un écrivain a beau être doté du talent d'écrire. Son livre a beau être un chef-d'oeuvre. N'empêche que la réussite attribuable à ce seul écrivain est absolument vaine si nous tenons compte du fait que pour pouvoir bâtir son oeuvre, l'écrivain s'est servi de mots qui existaient déjà, de papier qui provient des arbres et qui a été produit par une armée d'autres travailleurs que lui, d'imprimeurs qui se sont salis les mains pour imprimer le livre en question, de distributeurs qui ont fait circuler l'ouvrage, de libraires qui ont risqué leurs capitaux, enfin de lecteurs qui ont acheté le livre en question. A présent, à qui peut-on donc attribuer le mérite du chef-d'oeuvre qu'est l'ouvrage concerné? Au seul écrivain qui, en somme, n'a fait que rassembler des idées et les a couchées par écrit sur du papier, ou bien à toute une armée de collaborateurs anonymes, du maquettiste de la couverture en passant par le bûcheron en allant jusqu'à la vendeuse de la librairie? Oui, à qui, en fin du compte, revient le mérite d'avoir produit un livre qui devient un chef-d'oeuvre littéraire? Que serait devenu le livre sans bûcherons pour couper des arbres et sans lecteurs qui auraient acheté tel livre?

Le malheur et l'échec des hommes résident dans le fait de vouloir à tout prix profiter égoïstement d'un succès qui, en définitive, est produit par une armée de travailleurs infatigables, voire l'humanité même.

Il y a quelques mois, je rendis visite à un homme qui venait d'emménager dans une luxueuse maison, une magnifique demeure dont l'évaluation dépasse largement les premiers six chiffres. Une fois arrivé chez l'individu en question, ce dernier, en compagnie de sa femme, me montra tout ce qu'ILS avaient fait et ce qu'ILS possédaient. Une demi-heure plus tard, j'étais tellement fatigué d'entendre les vantardises de tout ce que ces gens avaient fait et ce qu'ILS possédaient que mes pieds m'ont rapidement orienté vers l'extérieur. Ces gens tenaient obstinément à s'attribuer tout le mérite d'acquisitions matérielles qu'ils ne posséderaient même pas si ce n'eût été du précieux concours d'autres personnes.

Bien sûr que l'homme en question pouvait se payer une résidence de deux cent cinquante mille dollars. Il est un riche courtier en assurances et ses revenus dépassent largement les six chiffres. Mais comment pourrait-il récolter de tels revenus si ce n'était de tous ces pauvres assurés qui, pour assurer leurs biens, sont obligés de payer des sommes astronomiques aux courtiers qui, eux, deviennent toujours de plus en plus riches? Donc, à qui revient le mérite d'avoir pu se procurer la fantastique demeure en question? Aux seuls efforts courageux du riche courtier ou bien aux argents reçus de tous ces pauvres types qui doivent se résigner à se serrer de plus en plus la ceinture pour pouvoir acquitter le montant de leurs assurances?

Maintenant, que dire de la bâtisse en elle-même? Y aurait-il seulement une belle maison si ce n'eût été du travail bien effectué par des architectes, un con-tracteur, des menuisiers, des bûcherons, des plâtriers, des plombiers, des peintres, des vitriers, etc? Je sais fort bien que dans le cas présent, il n'y aurait pas de maison si ce n'eût été de l'effort collectif fourni par toute une armée de travailleurs, car le courtier dont je vous parle n'est même pas capable de planter un clou avec une pelle.

Ce chapitre a pour but principal de bien établir le fait précis suivant: Tous, qui que nous soyons, nous avons besoin de nos semblables, et tous, qui que nous soyons, nous ne serions RIEN sans les autres.

C'est seulement une fois qu'on comprend bien ce principe de base qui nous permet de revenir à des proportions plus humbles et plus raisonnables, que l'on peut ensuite parvenir à vaincre la plupart des sources de nos découragements.

L'individu qui insiste à tout prix pour attribuer à ses seuls efforts quelque réussite que ce soit est irrémédiablement un vantard et un orgueilleux. S'il a été clairement démontré qu'aucune réussite ne peut être réalisable sans le précieux concours des autres, il nous faut donc arriver à la conclusion que l'individu qui insiste obstinément pour s'attribuer à lui-même quelque réussite que ce soit est obligatoirement un vantard et un orgueilleux. Un bon orateur ne serait rien si ce n'était le concours des auditeurs qui l'écoutent religieusement, et un grand chirurgien du coeur ne serait rien si ce n'était du précieux concours de tous ces pauvres malades qui succombent à des crises cardiaques.

Ce chapitre a pour but de bien faire comprendre

qu'il ne sert à rien de s'obstiner à la vantardise et à l'orgueil étant donné le fait clairement démontré, et aussi absolument incontestable, que nul ne peut être quoi que ce soit ni produire quoi que ce soit de grand sans le précieux concours de TOUS ses semblables. Maintenant, que peut-il se passer en nous une fois qu'on a compris clairement ce sage principe qui se trouve à la base même des relations humaines si fragiles et tellement complexes?

Dès l'instant qu'on comprend le principe énoncé plus haut, à l'effet que sans les autres, nous ne sommes rien, et qu'on est tout à fait disposé à s'appliquer ledit principe, on enlève alors de nos épaules une grande source génératrice de découragement.

L'individu qui sombre dans la vantardise et l'orgueil à force de n'attribuer qu'à ses seuls efforts courageux toutes ses réussites finit par faire rapidement le vide tout autour de sa personne. Finalement, tel individu vantard et orgueilleux se retrouve seul, avec ses seules prétendues réussites et les seuls objets inanimés que ses moyens parfois douteux lui ont permis d'acquérir. Il ne faut jamais perdre de vue que plus un individu insiste pour monter haut, moins il y a de place pour d'autres personnes. Les sommets deviennent de plus en plus étroits au fur et à mesure qu'on y grimpe. Donc, l'orgueilleux ne peut que faire le grand vide autour de lui s'il persiste dans son obstination à sans cesse se considérer comme étant plus intelligent, plus capable, plus courageux et plus fin que ses semblables.

Mais qu'arrive-t-il à l'orgueilleux une fois que sa soif de gloire et de possessions matérialistes est enfin étanchée? Que lui reste-t-il de toute cette gloire une fois qu'il n'a plus la force d'entreprendre d'autres projets égoïstes qui lui permettraient de monter toujours plus haut? Que peut-il donc bien arriver à un être orgueilleux qui, ayant toujours insisté pour prétendre qu'il n'avait pas besoin des autres, réalise soudain qu'il vit dans un véritable désert de solitude à cause de l'énorme vide qu'il a lui-même causé autour de sa tour d'orgueil et de vantardise? Il ne reste plus rien d'autre qu'une abondante récolte de découragement à devoir récolter.

Dans quelque domaine que ce soit, nous ne sommes plus rien sans les autres. Si les êtres qui nous entourent contribuent à notre réussite matérielle, ils ont un bien plus grand pouvoir encore: ils peuvent contribuer au plus haut point à notre réussite dans des domaines aussi fantastiques et merveilleux que la paix, l'amour, la joie de vivre, le bonheur, sans non plus oublier le courage.

Le fer aiguise le fer, déclare un sage proverbe biblique. Et un homme peut aiguiser, ou stimuler, ou encourager un autre homme.

Si j'insiste pour vivre isolé dans ma tour d'orgueil, et qu'ainsi, à cause de mon arrogance, je crée un grand gouffre entre moi et les autres, vers qui pourrais-je bien me tourner quand j'aurai besoin d'encouragement? Vers qui pourrais-je me tourner quand, une fois ma soif d'orgueil étanchée, j'aurai besoin d'entendre des paroles consolantes qui m'aideront à traverser l'épreuve d'une cruelle maladie? Vers qui devrais-je aller si un jour le besoin me prend, et il viendra sûrement ce besoin, d'épancher ma conscience troublée dans le creux d'une oreille attentive et compréhensive?

Si, dans la récolte de quelque réussite que ce soit, vous cultivez la sage et bonne habitude de toujours en attribuer le mérite aux êtres qui vous entourent, vous ne manquerez pas de constater jusqu'à quel point ces autres personnes viendront à votre secours aussitôt que vous en manifesterez le désir, ou le besoin. L'individu qui insiste pour ne donner de l'importance qu'à lui-même, à ses seuls talents et efforts, n'a pas d'autre alternative que celle qui consiste à rabaisser les autres pour qu'il puisse s'élever orgueilleusement lui-même.
Il importe de comprendre que Dieu a fait et voulu TOUS les êtres humains EGAUX; donc, celui qui tient à tout prix à s'élever orgueilleusement doit obligatoirement rabaisser ou écraser ses semblables.
Voilà une manière d'agir qui n'est pas tellement génératrice de courage.

L'observation d'un corps humain a toujours fort bien illustré l'interdépendance qu'ont entre eux tous les êtres humains. Bien que la tête soit constamment mise en évidence, on serait porté à penser qu'elle constitue la principale partie du corps humain. Mais que deviendrait la tête sans le coeur, les intestins, les pieds, le sang, etc? Bien qu'elle soit mise en permanence en évidence, ce privilège d'action ne permet absolument pas à la tête de prétendre orgueilleusement qu'elle pourrait parvenir à quelqu'heureux résultat que ce soit sans le précieux concours de TOUTES les autres parties du corps, même si ces dernières se contentent de ne jouer que des rôles bien obscurs en permanence.

Et qui vient au secours de la tête quand soudain un accident, ou la maladie l'atteint? Alors, toutes les cellules sanguines, les globules rouges, les blancs, ainsi que tous les autres précieux éléments vitaux de l'organisme se transportent à travers le sang afin de venir au secours de la tête, la préserver, la soigner et la guérir. Oui, quel merveilleux organisme d'interdépendance courageuse que constitue le corps humain.

C'est ainsi que nous devons nous-même nous comporter envers tous les autres êtres qui nous entourent si nous voulons pouvoir compter en permanence sur le précieux courage qu'ils nous promulgueraient si jamais le besoin se faisait sentir un jour ou l'autre. Et vu le fait que nul n'est à l'abri des accidents, de la maladie, de la mort même, on doit pouvoir compter à chaque instant sur le réconfort des autres si l'on tient à nous remettre en oeuvre et ainsi reprendre courageusement la merveilleuse course de l'existence.

Le fait de bien nous pénétrer de l'essence du présent chapitre, afin de bien en saisir le sens, nous aidera à toujours chercher à nous appliquer à vivre "au niveau" des êtres humains qui nous entourent. Bien entendu, il ne s'agit pas de descendre au niveau des bassesses des humains pervertis, mais de chercher constamment à vivre au niveau normal du mode de vie légitime que doit vivre l'humain en général, évoluant normalement au rythme de sa nature propre.

Mais si nous nous obstinons à vivre orgueilleusement au-dessus, ou bien au-dessous du niveau humain normal de vie, nous nous coupons de ce fait des innombrables bienfaits que peuvent se communiquer et se transmettre l'ensemble des humains. Et un arbre ne produit pas beaucoup de fruits lorsqu'il grandit seul.

Un individu peut bien ne vivre que pour l'argent; cependant, il lui faut comprendre que ce n'est pas avec du papier-monnaie qu'il a le pouvoir de converser, communiquer, s'encourager mutuellement, mais bien avec les choses, plutôt les êtres de son espèce propre, c'est-à-dire les humains.

Donc, le fait de bien comprendre la loi qui préside aux espèces peut nous être d'un grand secours quand le besoin d'encouragement peut se faire sentir en nous. L'être humain, pour pouvoir donner et recevoir de l'encouragement, se doit de vivre à l'intérieur du niveau humain, c'est-à-dire au niveau de tous les humains, soit sur la même longueur d'ondes que tous les humains de notre planète. Etant donné le fait que les êtres humains sont faits de telle sorte qu'ils ont le pouvoir de donner et recevoir, de communiquer et d'échanger, cette façon de vivre, soit au niveau des autres, nous permet de demeurer en permanence tout près de nombreuses réserves et autres sources d'encouragement, ceci aussitôt que le besoin se fait sentir en nous.

Il faut saisir pleinement le sens du fait que l'être humain qui fait son entrée dans notre monde ne prend absolument pas la place d'un autre, ni ne peut enlever quoi ce soi à l'autre qui vit déjà. Mais tel naissant apporte plutôt, du fait de sa naissance, une richesse inestimable et inouïe de nouvelles possibilités mentales et spirituelles qui ne demandent pas mieux qu'à être découvertes avec courage puis utilisées avec largesse et générosité pour le bien commun de toute l'espèce humaine.

Chapitre 13

Sachez que tout le monde vous ressemble

Le fait de comprendre que les autres humains ne sont pas différents de nous, qu'ils sont de notre espèce en tous points, voilà qui nous aide largement dans la recherche de la découverte de leurs besoins fondamentaux propres. Et que se passe-t-il en nous une fois qu'on découvre et qu'on comprend les besoins véritables de nos semblables? On se met alors immédiatement au travail afin de cultiver en nous-mêmes les atouts de base qui, une fois solidement édifiés en nous, nous permettront ensuite d'aller combler les besoins de nos semblables.

Si des vaccins vitaux ont été découverts, c'est d'abord dû au fait que des chercheurs, subissant les mêmes dégâts mortels que subissaient tous les êtres humains à cause des virus, se mirent ardemment au travail afin de découvrir enfin les vaccins qui les aideraient à sauver d'abord leur propre vie et ensuite celle des autres.

Comment peut-on se mettre au travail afin de cultiver en soi-même une précieuse qualité tant et aussi longtemps qu'on ne comprend pas toute l'importance que revêt telle qualité pour le bonheur de nos semblables?

Henry Ford et tous les autres inventeurs se sont mis au travail et ont réalisé des découvertes fantastiques et utiles parce qu'ils ont compris que leurs découvertes constituaient un besoin quasiment fondamental pour l'être humain, autant pour le découvreur ou l'inventeur lui-même que pour ses semblables.

Dès l'instant qu'un besoin matériel a été clairement identifié par des humains, alors tout le courage nécessaire fut communiqué aux facultés mentales des chercheurs afin de leur permettre d'aboutir à des découvertes concrètes, positives, et souvent légitimes.

Mais que les hommes sont donc stupides! Après plus de six mille ans de vie en commun sur la planète Terre, les hommes n'ont pas découvert d'autres besoins que ceux de se faire la guerre, s'entretuer, violer leurs femelles, avorter leur seule véritable richesse mentale et spirituelle que constitue la naissance, se mentir, se voler, se haïr, calomnier, forniquer, s'adonner à des vices dégradants et contre nature, etc. Voilà en quelques lignes résumées toute l'histoire de l'Humanité: vols, mensonges, fornication, meurtres.

Comme cela a été largement souligné dans la première partie de ce livre, l'être humain est malheureux et découragé à cause du fait qu'il s'obstine à ne vivre exclusivement que pour les seules choses charnelles et matérielles. Cependant, comme cela a déjà été souligné, "La chair et le matériel ne servent à peu près à rien du tout, c'est seulement l'esprit humain qui est vivifiant et source de joie de vivre, de bonheur et de courage." C'est donc à ce niveau-là, soit au palier de l'esprit humain qu'il importe de construire les ponts mentaux et spirituels nécessaires qui peuvent nous relier les uns aux autres.

De tout temps l'humain se tue, fornique, est malheureux et découragé à cause de son obstination maladive à ne vivre qu'au palier matériel de sa condition d'être. Mais, est-il besoin de le répéter, les êtres qui insistent pour évoluer à ce seul niveau, qu'il soit matériel ou charnel, de leur personne, courent inévitablement le risque de devenir tels des animaux. Et effectivement, c'est bel et bien ce qui s'est produit au cours des millénaires écoulés. L'humain en général est-il devenu une sorte de bête? Non, il est devenu pire qu'une bête. Bien pire, car jamais il ne viendrait à l'esprit des bêtes d'avorter leurs femelles, de forniquer, de fabriquer des engins de destructions, de mentir, de haïr, de se droguer ,etc.

L'être humain ne parvient vraiment à la découverte de ce que sont réellement ses semblables qu'une fois qu'il est parvenu à sa propre découverte. Depuis que l'humain vit, il évolue constamment vers le plus bas de sa personne, il n'évolue qu'aux seuls paliers charnels et matériels, et constatez aujourd'hui les tristes conséquences de telles évolutions uniquement terre à terre.

Si votre lecture vous a amené jusqu'au présent chapitre de ce livre, c'est donc dire que vous êtes arrivé à une découverte beaucoup plus raisonnable et réaliste de votre propre personne. A présent, vous comprenez mieux que le fait de chercher à vivre et à évoluer à L'INTERIEUR de votre personne vous permet de vous découvrir vraiment et de percevoir en vous de nouvelles facettes de vie, de bonheur et de courage qui ne vous effleuraient peut-être même pas l'esprit auparavant, du moins jusqu'à ce que le présent livre vous en fasse une sorte de rappel. A présent que vous êtes parvenu au tout début de la découverte de votre être véritable, il va falloir vous mettre maintenant à la tâche afin de construire les ponts mentaux et spirituels nécessaires qui vous permettront d'aller à la rencontre des autres êtres de votre espèce qui vous entourent; et aussi à vous appliquer à les découvrir, à les apprécier vraiment, à leur communiquer votre merveilleuse personne et aussi à apprendre à puiser d'eux tout le courage nécessaire qui vous permettra de CONTINUER de progresser constamment vers l'amélioration de votre être, voire de toute l'humanité.

Ce qui handicape le plus les relations humaines, c'est cette sorte de peur réciproque qu'éprouvent les humains les uns envers les autres. Il ne faut pas oublier que c'est seulement l'inconnu qui fait peur. Une fois qu'on est parvenu à la connaissance de cet inconnu, il ne nous fait plus peur. Les hommes et les nations se battent et se tuent simplement parce qu'ils ne se connaissent pas. Mais dès l'instant où les gens se mettent à se découvrir, ils se connaissent mieux et ainsi parviennent à améliorer grandement leurs conditions de vie.

Gardons toujours clairement présent à l'esprit qu'il ne faut jamais avoir peur de chercher à découvrir les autres êtres humains de notre espèce. La bête aura sans doute peur si vous l'approchez trop. Bien sûr, la bête est, comme sa définition l'indique, une bête, et quel dialogue peut-on espérer d'une bête, sinon de l'effroi? Mais l'être humain n'est pas ainsi. L'être humain est un savant tissage de physique, de charnel, de mental et de spirituel. L'être humain est une magnifique copie de Dieu-même. Aurions-nous peur de chercher à découvrir notre Auteur? Sinon, alors pourquoi serions-nous réticent à nous mettre enfin à découvrir vraiment les êtres magnifiques qui sont tous de notre espèce et tous des superbes copies potentielles de l'Etre magnifique qui a conçu tous les splendides chefs-d'oeuvre qui nous entourent?

C'est, comme on l'a vu au tout début de ce chapitre, seulement lorsqu'enfin on comprend les besoins fondamentaux et innés des autres qu'on se met alors en frais de chercher à tout prix à satisfaire ces besoins. Et, comprenons-le bien, les besoins fondamentaux des autres humains ne sont absolument pas différents des nôtres propres.

Si la chair et les choses matérielles ont pour conséquence de diviser honteusement les humains, leur
ralliement devient donc possible une fois qu'ils cherchent à se découvrir de L'INTERIEUR. Non pas au
seul palier des pensées, des idées, des désirs, des ambitions, des projets, ou de toutes autres facultés mentales que ce soit, mais au niveau de ce qui rattache
tous les humains sans exception à Dieu, c'est-à-dire la
conscience. Voilà, c'est en cherchant à se découvrir à
travers le champ prodigieux de la conscience que les
êtres humains peuvent espérer entrer en contact
véritable entre eux, communiquer vraiment et sur la
même longueur d'ondes absolue; ensuite, évoluer à
travers l'élaboration de rêves, de projets et de réalisations qui ne satisferont pas seulement tel ou tel être en
particulier, mais tous les êtres évoluant au niveau de
l'espèce humaine.

Si nous cherchons à entrer en contact puis à
découvrir les autres à travers leurs seules facultés
mentales, alors nous nous heurterons à des résultats
de communication qui ne seront guère différents de ce
que la race humaine récolte à notre époque. Les
goûts, les désirs, les rêves, les ambitions, ce sont là
les produits immédiats des facultés mentales telles
que la pensée, le sentiment, l'émotion, etc. Insister
donc pour chercher à contacter vraiment les gens au
seul palier des facultés et filles mentales ne servira
pas à grand chose puisque nous reviendrons aux
mêmes tristes résultats, charnels et matériels, ce qui a
toujours divisé et continue toujours de diviser les humains.

Mais les relations humaines commencent à s'ériger sur une base d'une solidité absolue à partir du moment qu'elles s'établissent au niveau, ou au palier, ou encore à la source même de l'humain, c'est-à-dire la conscience.

On peut bien insister pour vivre sans manger ni dormir, mais nul ne peut espérer vivre au détriment du respect de lois aussi vitales que l'alimentation et le sommeil et penser pouvoir s'en tirer indemne. De même, on pourrait bien insister pour se jeter dans le vide à partir du haut d'un édifice de cent étages; cependant, nul ne peut braver la loi de la pesanteur sans devoir en subir les effets désastreux, voire mortels, tôt ou tard. De même, on peut bien insister pour enfreindre telle ou telle autre loi de la vie, innée et destinée à l'humain, n'empêche que personne ne peut espérer se moquer de l'effet de sa conscience et penser pouvoir s'en tirer indemne.

La conscience humaine qui est en nous, à la source de notre être, constitue une partie des lois "absolues" et universelles qui régissent toute la vie et l'univers. Ce serait donc vain de notre part de croire qu'on puisse se moquer de l'action de notre conscience et avoir le culot de penser s'en sortir indemne.

Voilà de quelle désastreuse manière les relations humaines se sont dégradées et ont dégénéré jusqu'au lamentable état où nous sommes actuellement, c'est-à-dire au bord d'une catastrophe universelle. Et pour quelle raison les relations se sont-elles dégradées à ce point entre les humains? Parce qu'ils ont obstinément insisté pour se moquer sans cesse de l'effet merveilleux et délicat de la conscience humaine. Et, à force de blessures, la conscience humaine est devenue telle une cicatrice: INSENSIBLE. C'est pourquoi nous voyons des êtres humains tuer leurs semblables à la guerre tout en priant Dieu de leur aider à remporter la victoire. Imaginez un peu jusqu'à quel point la conscience humaine peut être devenue insensible: Tuer son semblable, son frère, une copie potentielle de Dieu et avoir le culot de demander à Dieu de bénir la tuerie!

Avant de se mettre à la recherche de la découverte de la conscience des autres, il faut d'abord absolument s'assurer qu'on est bel et bien parvenu à la découverte de notre propre conscience. De nos jours, nous sommes témoins que des milliers de nouvelles religions ont pris forme à partir de la conscience d'individus qui, croyant être parvenus à la découverte de leur propre conscience, ont formé une religion et se sont mis ensuite à la recherche de leurs semblables dans le but, semble-t-il, de les aider à découvrir à leur tour leur conscience. Mais quel résultat lamentable!. A notre époque, nous constatons que bien qu'il y ait des centaines et des milliers de sectes et religions de toutes sortes, chacune d'elles n'en cherche pas moins à tirer toujours plus de couverte de son côté, ceci toujours avec le but évident en tête de dominer les autres, les asservir et ensuite les exploiter de toutes les façons possibles. Voilà le danger de se mettre à la recherche de la découverte des autres quand on ne parvient pas d'abord à découvrir sa propre conscience.

On peut dire qu'on est parvenu à la découverte de notre vraie conscience uniquement lorsqu'on acquiert l'ABSOLUE CERTITUDE que notre conscience s'est ajustée avec le reste de l'univers, qu'elle s'est absolument harmonisée avec Dieu-même. Bien que nous aborderons cette question un peu plus loin, dans le chapitre 24, convenons tout de suite du fait suivant: il est absolument impossible de découvrir vraiment les autres, c'est-à-dire à travers le fondement même de leur être, ou à la conscience-même, sans qu'on soit absolument sûr d'être soi-même harmonisé avec la magnifique conscience universelle qui préside sur tout l'univers sans exception. Voilà qui ne laisse guère de place pour l'émotion et les risques d'erreurs et d'échecs.

Le fait de chercher absolument à parvenir au plus profond des autres nous aide dans d'innombrables domaines. Ceci nous aide à nous débarrasser des effets émotionnels des facultés mentales. De plus, ceci nous permet d'aller découvrir vraiment l'autre, à son fondement même, sans qu'on soit handicapé, ou que notre perception spirituelle ne soit obstruée par quelqu'élément charnel ou matériel que ce soit.

Les êtres humains ont peur de se découvrir vraiment, et d'ailleurs la plupart n'y sont pas tellement intéressés, à cause du fait que tant d'objets néfastes embrouillent leur vision. Par exemple, il sera difficile pour un médecin, qui connaît peut-être gloire et réussite, d'aller à la découverte de son semblable qui n'a que fort peu de ressources matérielles. De même, il sera difficile pour un homme politique réputé d'aller à la découverte véritable d'un mendiant de sa communauté. Voilà, tant d'obstacles matériels et éphémères viennent perturber la vue intérieure de l'humain qu'il a toutes les difficultés au monde à établir le moindre contact avec la base même de l'humain. D'ailleurs, comment pourrait-il être possible à des consciences d'entrer en contact, et de vraiment communiquer et échanger quand tant d'handicaps matériels, charnels, égoïstes et éphémères sont là pour troubler les ondes?

Mais l'individu qui se détache tout à fait de la chair, de la gloire éphémère et matérielle, de la langue, de la couleur de la peau, de la nationalité, la religion, le sexe, parvient alors à pénétrer dans le royaume même de son semblable, un royaume fantastique dans lequel les communications et les échanges les plus prodigieux sont permis.

Une fois qu'on a pour ainsi dire mis les pieds dans le champ même de la conscience de notre frère, l'autre humain qui est en face de nous, on parvient alors à découvrir vraiment jusqu'à quel point nos peurs pouvaient être insensées. Ce qu'on découvre alors est en tout point identique à ce que nous avons découvert antérieurement dans le champ même de notre propre conscience, dans ce royaume unique et prodigieux où aucune valeur charnelle ou matérielle ne peut être admise. Et que découvrons-nous enfin, sinon un être humain doté des mêmes besoins fondamentaux et fort peu nombreux que les nôtres: le besoin de spirituel, le besoin d'aimer, le besoin d'être aimé, le besoin de se donner tout entier, le besoin de recevoir, le besoin de créer du beau, du bien, de l'utile, de l'agréable, du positif, le besoin d'être apprécié, de générosité, de bonté.

Voilà la fantastique découverte qui s'offre à notre perception intérieure dès l'instant qu'on parvient à pénétrer enfin à la source de l'être formidable qu'est notre frère l'humain. Un être en tout point identique à nous-même. Un être aux possibilités inouïes. Un être dont notre précieuse union avec lui nous permettra de produire "ensemble" des réalisations fantastiques, utiles et génératrices de paix, de joie de vivre, de bonheur durable et de courage pour tous nos formidables frères que sont les êtres propres à notre espèce fantastique.

Un jour, alors qu'il venait de répondre à un jeune homme très riche qui lui avait posé une certaine question, Jésus regarda le jeune homme en question s'en aller piteusement et, se tournant du côté de ses disciples, il leur dit: "Qu'il sera difficile à quelqu'un qui est riche d'entrer dans le royaume des cieux". A ceci, il conviendrait peut-être d'ajouter: "Qu'il est donc difficile à un humain trop encombré matériellement et charnellement de pénétrer dans le véritable royaume de l'autre humain, son frère".

189

Chapitre 14

La formidable règle d'or en action

Le dictateur peut bien faire assassiner celui qui ne pense pas comme lui. L'agresseur peut bien violer physiquement la femme qui se refuse à ses avances. Le voleur peut bien prendre de force le bien de l'honnête travailleur. Le père autoritaire peut bien forcer son fils à aller aux études. Le patron rude peut bien obliger tel rendement de ses ouvriers. Bien que toutes sortes de choses soient possibles au moyen de la force et la rudesse, n'empêche que cette façon de faire n'a guère de pouvoir sur l'esprit et la conscience humaine.

La conscience de l'humain est un royaume fantastique qui a le pouvoir d'accuser, ou d'excuser telle ou telle ligne de conduite, que la dite conduite ait été accomplie par l'individu concerné ou par quelqu'un d'autre. Et lorsque la conscience accuse, ou approuve telle ou telle ligne de conduite, elle stimule et produit du courage à toutes les facultés mentales de l'être afin de s'ouvrir pleinement au rêve, ou au projet à réaliser, qu'il s'agisse d'un projet individuel ou communautaire.

La conscience humaine pourrait se comparer à un énorme coffre-fort, disons une voûte bancaire.

Que dire d'un individu qui essaierait d'entrer dans la voûte d'une banque sans y être autorisé? Que dire d'un individu qui essaierait d'ouvrir un coffre-fort sans employer la bonne combinaison pour l'ouvrir naturellement? Vous connaissez bien les conséquences, n'est-ce pas? Tel individu aurait de sérieux démêlés avec la police, y perdant peut-être même sa vie.

Quiconque veut mettre les pieds dans la voûte d'une banque doit procéder par des voies naturelles, c'est-à-dire qu'il devra employer les moyens légaux qui autorisent les seules personnes accréditées à pénétrer dans un tel endroit. Autrement, celui qui insisterait pour "violer" cette pièce vitale courrait le risque de récolter pas mal de problèmes, voire celui de perdre sa vie.

Il en va exactement de même avec nos semblables. On peut, certes, par le moyen de la force et la rudesse, forcer parfois les autres à faire des choses qui nous avantagent, mais dont eux n'avaient pas du tout l'intention, ni même les moyens de faire. Cependant, si l'on veut à tout prix stimuler nos semblables, au point qu'ils aimeront venir à nous, il nous faut alors pénétrer dans leur voûte intérieure en utilisant les moyens naturels et légaux.

La femme n'aura peut-être pas d'autre choix que de se laisser violer par un puissant et cruel agresseur; cependant, elle se donnera volontiers de toute sa personne à l'élu de son coeur. Un individu, sous la menace de l'arme, peut bien soutirer la paie d'un honnête travailleur; cependant, tel individu recevrait légalement la même paie si seulement il acceptait de travailler les mêmes heures que le travailleur qu'il vient de dévaliser.

Les deux exemples précités démontrent bien quelles sortes de résultats diamétralement opposés peuvent s'attribuer à deux sortes d'individus qui, dans des conditions pourtant identiques, décident de procéder différemment l'un de l'autre. Le premier, aveuglé par la passion, choisira de violer plutôt que de gagner le coeur de sa proie. Le second, lui, décidera de pénétrer à l'intérieur de la conscience de la femme en procédant par voies naturelles et légales, soit en passant par le coeur. Le voleur, lui, choisira de violer la loi de l'honnêteté en s'emparant de ce dont il n'a pas droit; tandis que le travailleur, lui, choisira de se mériter la même somme d'argent, mais en procédant par voies naturelles et légales.

De même, pour pouvoir pénétrer à l'intérieur du champ de la conscience d'une personne quelconque et ainsi, stimuler favorablement telle personne à notre égard, il nous faut absolument entrer en elle en procédant légalement, c'est-à-dire par voies naturelles.

Sans doute vous souvenez-vous de cette fantastique règle d'or que prononça un jour le Grand Maître dans son très célèbre Sermon sur la Montagne: "Tout ce que vous voulez que les autres fassent pour vous, faites-le d'abord pour eux!" Voilà cette règle d'or formidable qui constitue en quelque sorte la "clé" permettant d'ouvrir toute grande la porte de la voûte intérieure de nos semblables, c'est-à-dire leur conscience.

Dans les chapitres précédents, nous avons vu comment les autres nous ressemblaient en tout point en ce qui a trait à leurs besoins fondamentaux intérieurs. Le besoin de spirituel, le besoin d'aimer et d'être aimé, le besoin de donner et de recevoir, le besoin d'apprécier et d'être apprécié, le besoin de bonté, de chaleur humaine, d'amour, de pardon, de compréhension, ce sont-là certains des besoins fondamentaux innés à l'humain. Ces besoins, une fois comblés, ont le grand pouvoir d'entretenir le bon fonctionnement de la conscience. Donc, c'est en nous appliquant à satisfaire le plus possible ces besoins fondamentaux d'autrui et aussi en nous, qu'il nous sera alors possible de fonctionner sur la même longueur d'ondes que nos semblables. Ainsi, en fonctionnant sur la même longueur d'ondes qu'eux, nous demeurons à leur portée et pouvons puiser en permanence les ingrédients du courage nécessaires qui nous permettront toujours de continuer d'aller de l'avant dans la course de l'existence. C'est exactement la même chose pour tous les êtres humains: vous, moi, votre conjoint, votre enfant, vos parents, vos voisins, le premier

Ministre, etc.

"TOUT ce que vous voulez que les autres fassent pour vous, FAITES-LE D'ABORD pour eux!" Prenez le temps de relire plusieurs fois cette fantastique règle d'or. Relisez-la jusqu'au point qu'elle devienne incrustée en grosses lettres lumineuses tout à l'intérieur de votre tête. Le soir, avant de vous endormir, répétez-la une bonne vingtaine de fois et faites de même le matin à votre réveil. Procédez ainsi jusqu'à ce que cette règle d'or devienne une partie intégrante de votre être, qu'elle vous soit aussi familière que votre main droite ou votre pied droit. De même que vous ne pourriez pas vous passer de votre main droite, ni de votre pied droit, faites en sorte que vous ne puissiez plus vivre sans cette prodigieuse règle d'or provenant du Maître des maîtres.

La "règle d'or" a le pouvoir d'accomplir des prodiges et rend possible ce qui semblait impossible lorsqu'elle est en action. En effet, comment ne pourrions-nous pas stimuler favorablement les autres à notre égard quand nous comblons D'ABORD leurs besoins fondamentaux humains? Comment ne pas s'entourer d'une banque d'amitié fantastique et d'une utilité inouïe quand nous nous appliquons constamment à combler D'ABORD les besoins fondamentaux des autres êtres humains semblables à nous, des êtres qui sont dotés de la même sorte de conscience que nous et dont les besoins fondamentaux sont en tout point identiques aux nôtres?

Insister à tout prix pour retirer des autres ce qu'on s'est toujours obstinément et égoïstement refusé à faire D'ABORD pour eux, c'est comme vouloir entrer dans une maison par un moyen autre que la porte d'entrée. Ce sont les cambrioleurs qui insistent pour entrer dans les maisons en brisant les fenêtres et vous connaissez le sort qui est habituellement réservé aux cambrioleurs. Cependant, la personne qui se présente à la porte, qui sonne, demande la permission d'entrer à l'intérieur et se voit acceptée par les propriétaires, a de grosses chances de festoyer allègrement avec les maîtres de la maison.

Connaissant bien la fameuse règle d'or et étant bien au courant des besoins fondamentaux et innés de nos semblables, nous voilà maintenant bien équipés pour faire plus ample connaissance avec les autres, construire les solides ponts de l'amitié qui nous relieront en permanence avec eux, ensuite, effectuer toutes sortes d'échanges positifs, heureux et générateurs de courage avec eux.

Deux choses absolument vitales doivent être retenues du présent chapitre: La force prodigieuse de la règle d'or lorsqu'elle est en action; et, bien comprendre que les besoins fondamentaux et innés de nos semblables ne sont absolument pas différents des nôtres propres. Une fois qu'on comprend bien ces deux aspects vitaux des relations humaines, on n'a plus à craindre quoi que ce soit du futur.

Vous voulez que les gens qui vous entourent vous

aiment, qu'ils soient gentils et aimables avec vous, qu'ils vous pardonnent vos manquements, qu'ils vous sourient, vous apprécient, vous consolent et vous encouragent, qu'ils vous fassent confiance, vous comprennent, vous aident à réaliser vos projets légitimes? Oui, sûrement que vous voulez ardemment ces choses de la part de vos semblables. Et vous n'êtes pas différents des autres; nous sommes tous identiques, et tous, avons les mêmes besoins dans ces domaines innés à notre conscience. Alors, vu le fait que ces choses tant désirées correspondent en tout point à vos besoins tout à fait légitimes, commencez donc dès maintenant à combler D'ABORD les besoins des autres dans ces domaines précis mentionnés et vous verrez jusqu'à quel point les autres vous ouvriront toutes grandes, et NATURELLEMENT, les glorieuses portes de leur prodigieuse voûte intérieure, c'est-à-dire leur conscience même.

Chapitre 15

Soyez sage, contrôlez votre langue

Bien sûr que vous avez tout à fait le droit d'émettre clairement vos opinions, de faire valoir vos droits et d'insister pour que ceux-ci soient respectés. De plus, vous avez aussi le droit bien légitime d'avoir vos propres idées, vos goûts bien personnels. Oui, vous avez bel et bien le droit de dire tout ce que vous voulez; cependant, sachez bien que le monde entier vous bénira ou bien vous condamnera à propos de vos seules paroles.

Ce ne sont pas les actes, mais les paroles qui enflamment la roue de la vie sur la terre. En général, les actes que posent les humains sont légitimes et valables. Et si jamais quelqu'un pose un acte contraire à la nature humaine légitime, il peut toujours réparer le geste mal fait, ou du moins implorer le pardon pour telle action commise illégitimement. Ce qui, dans la plupart des cas, lui sera accordé. Combien de fois a-t-on vu des parents de victimes pardonner les malfaiteurs! Ce phénomène s'est vu après la plupart des guerres. Durant les guerres, les nations belligérantes se détestent au point de s'entretuer. Mais dès qu'une guerre est terminée, telles nations se pardonnent mutuellement leurs actes insensés, et se mettent à nouer d'excellentes relations commerciales, voire les Etats-Unis et le Japon, l'Allemagne et la France, etc.

Si les humains sont enclins à se pardonner assez rapidement la plupart des actes détestables qu'ils posent, il n'en va pas de même avec les mots. Les actes se pardonnent, s'effacent et s'oublient, mais pas les mots. A preuve, que dire de toutes ces maximes qu'ont prononcées des hommes et des femmes de talent, et qui sont consignées par écrit dans d'innombrables livres alors que, bien souvent, les actes posés par tel homme ou telle femme ne sont à peu près pas connus?

Nous savons tous que Jésus prononça des paroles prestigieuses et très stimulantes. Aujourd'hui, ses paroles survivent et sont toujours d'actualité, mais où est donc le vin miraculeux qu'il produisit à partir d'une eau quelconque? Les mots nous relatent en détail tous les miracles qu'a opéré Jésus, mais où sont les objets matériels issus de tels miracles? De tous les hommes sages, sans doute Salomon était-il le plus sage après Jésus. De nos jours, nous ne nous lassons pas de lire et relire les sages proverbes de Salomon, mais que sont devenus les objets matériels attestant de sa grande sagesse? Voilà qui illustre bien la grande supériorité qu'ont les mots sur les actes. Les actes tombent dans l'oubli du temps et se désagrègent, mais il n'en va pas de même avec les mots. Ceux-là s'envolent en poussière, tandis que ceux-ci demeurent à jamais, à preuve la Bible.

Un jour, deux familles vivaient paisiblement l'une à côté de l'autre. Ces deux familles étaient des parents charnels et tout allait pour le mieux jusqu'au jour où mourut le père des deux chefs de familles en question. Lors du partage de l'héritage, un des deux hommes mentionna que l'autre avait déjà profité un peu trop de la générosité de la part du défunt. Ce qui ne plut pas à l'autre qui, d'un coup accusa fortement son frère de "maudit menteur". L'autre se choqua à son tour, et vous devez certainement connaître la suite. Un des deux vendit sa maison et s'exila dans une autre région et les deux familles ne se sont même pas adressé la parole depuis que des mots déplacés furent lâchés de part et d'autre, c'est-à-dire quinze ans. Imaginez, quinze ans sans se fréquenter, ni se parler, ni même avoir une infime parcelle d'affection fraternelle, à cause de quelques courts mots qui sont sans doute sortis des deux bouches sans mauvaise intention de part et d'autre.

On pourrait comparer la langue à la pédale d'accélération qui permet au conducteur d'une automobile de faire avancer plus vite, ou faire ralentir son véhicule. Plus le conducteur met de la pression sur la pédale d'accélération, plus le véhicule roule vite et plus il y a aussi de risques pour des accidents. Et moins le conducteur met de la pression sur la pédale, moins le véhicule roule et, plus il y a de fortes chances que le conduteur n'aille nulle part.

Un homme sage a déjà comparé le pouvoir de la langue à celui d'une toute petite allumette. Voyez quel grand incendie de forêt peut résulter d'une simple allumette.

Le même homme sage a aussi comparé la langue au gouvernail d'un navire. Bien que petit comparé au navire même, le gouvernail n'en a pas moins le pouvoir de diriger tout le bâtiment à son gré et à sa guise.

Encore, cet homme sage a déjà écrit que la langue pouvait se comparer au "guide" qui se trouve à la bouche du cheval. Bien qu'insignifiant par rapport à la bête vigoureuse, le guide a tout de même le grand pouvoir de diriger le cheval à sa guise, si puissant soit-il.

Si vous voulez absolument vous convaincre de la puissance énorme des mots, dites à la prochaine personne que vous rencontrerez qu'elle est laide, grosse, malpropre, qu'elle sent mauvais, qu'elle est folle. Prononcez ces mots avec intonation tout en fixant bien la personne concernée; dites les mots avec sérieux et voyez leurs effets immédiats. Bien sûr, vous ne prononcerez jamais de tels mots, car vous connaissez bien leurs pouvoirs et vous savez avec pas mal de précision ce qui pourrait arriver. Si je vous souligne ces quelques mots, c'est seulement afin d'attirer votre attention sur le grand pouvoir des mots.

On pourrait encore comparer les mots à la pression d'air qui se trouve dans un pneu de bicyclette. Pas assez de pression empêche toute la bicyclette de tourner normalement. Trop de pression, par contre, entraîne le risque de faire éclater le pneu concerné, ce qui reviendrait au même résultat, soit que la bicyclette ne pourrait plus fonctionner normalement.

Les mots que nous disons sont ainsi. Si nous ne parlons pas assez, nous nous handicapons au point de ne pas pouvoir fonctionner normalement au même rythme que la société humaine dans laquelle l'on vit. Et si nous parlons trop, nous courons le risque de tout faire éclater, et ainsi de ne plus pouvoir fonctionner normalement au sein de ladite société.

Connaissant très bien l'énorme pouvoir des mots, il suffit pour nous de les utiliser à bon escient pour qu'ils puissent rapporter le plus de positivisme possible, autant à celui qui dit les mots que pour ceux qui les reçoivent.

Les mots constituent en quelque sorte le lubrifiant des relations humaines en général et c'est grâce à leur qualité que dépendront nos propres relations avec les êtres qui nous entourent. Si une huile de mauvaise qualité a le défaut de contribuer à l'usure des pièces mécaniques d'un moteur, le contraire est aussi vrai. Il suffit de déposer une huile de haute qualité dans l'engin pour assurer longue vie aux pièces.

Donc, pour pouvoir continuer d'évoluer normalement au sein de la communauté de nos frères les humains, nous devons absolument dire des mots. C'est le moyen de communication par excellence et, c'est d'ailleurs le moyen unique qui est à notre portée si nous voulons tous bien fonctionner en tant que communauté humaine. Pour avancer positivement dans la vie, il faut parler, ni trop ni trop peu. De plus, s'il faut dire des choses pour avancer, il importe que la qualité de notre langage soit indéfectible si nous tenons à ce que nos relations avec les autres ne s'usent pas et soient constamment et soigneusement lubrifiées en permanence.

Le cerveau humain est tout simplement fantastique et prodigieux. Notre cerveau, bien que ne pesant environ qu'un kilo et constitué d'une sorte de masse gélatineuse, ne possède pas moins de trente milliards de cellules originelles qui, tenez-vous bien, peuvent composer toutes sortes de circuits nouveaux et ainsi se multiplier à l'infini. Au rythme d'évolution humaine que l'on connaît actuellement, il a été démontré que le cerveau humain pourrait fonctionner durant au moins 70 milliards d'années sans s'user ni s'affaiblir le moindrement. Des statistiques, déprimantes celles-là, ont établi qu'approximativement, la plupart des humains de notre temps usaient de leur cerveau dans une proportion se situant à moins de .01 pour cent de sa capacité véritable, c'est-à-dire un millième seulement.

Tout ce que nos sens perçoivent s'enregistre et s'incruste en permanence dans notre cerveau. Qu'il s'agisse de notre vue, l'ouïe, l'odorat, le goûter, le toucher, tout ce qui vient en contact avec l'un ou l'autre de nos sens s'enregistre automatiquement à l'intérieur de notre prodigieux ordinateur mental, notre cerveau. Qu'il s'agisse d'une langue que nous apprenons, ou de nouvelles personnes que nous rencontrons, tous les détails concernant les sons, les mots, les noms, les personnalités s'enregistrent dans notre cerveau.

En tant qu'être humain, nous sommes aussi dotés de la merveilleuse faculté de penser. Le prodigieux rôle joué par notre pensée a pour effet d'alimenter une autre facette de notre être: le siège de nos sentiments, de nos mobiles, soit la "catépolamine" ou plus communément connue sous le nom de "notre coeur" symbolique.

Dénouons maintenant tout le processus qui est au sein de nos prodigieuses facultés mentales par ces seuls mots de Jésus: "C'est de l'abondance du coeur que la bouche parle!" Oui, tout ce qui pénètre en nous par nos sens et avec lequel s'alimente notre pensée infatigable, se trouve à nourrir notre coeur symbolique, le siège de nos mobiles et sentiments. Finalement, la qualité des mots que nous disons à longueur de journée dépendra de ce qui est en croissance constante dans le champ de nos sentiments.

Donc, pour pouvoir ne dire que des mots positifs,

légitimes, édifiants, productifs, sages et bons, il nous faut oeuvrer ardemment là seulement où nous avons le pouvoir de le faire.

Etant donné qu'il nous est impossible d'effacer quelque circuit que ce soit de notre cerveau, ni d'empêcher que notre pensée ne s'alimente dans notre cerveau, ni non plus empêcher que nos pensées finissent par influencer nos sentiments, il nous reste donc le moyen de travailler là où notre pouvoir est à peu près illimité, c'est-à-dire au niveau de nos sens.

Nous devons procéder un peu comme le gouvernement d'un pays qui tient à protéger ses citoyens contre des étrangers indésirables. Si le gouvernement concerné ne peut rien faire contre les êtres indésirables qui viennent au monde à l'intérieur de son propre pays, ou qui y habitent déjà, il peut cependant intervenir au niveau de ses frontières. En postant des garde-frontières vigilants, le gouvernement en question peut en tout temps empêcher que des éléments indésirables ne viennent perturber davantage l'intérieur du pays.

Nos frontières à nous, humains, ce sont nos sens. Dès l'instant que nous laissons pénétrer à l'intérieur de notre cerveau un nouveau mot, une image quelconque, un son, une connaissance, ou quoi que ce soit d'autre, ce qui vient de pénétrer se met alors à la recherche de sa connaissance correspondante, un peu à la manière du spermatozoïde qui se met immédiatement à la recherche de l'ovule féminin dès l'instant qu'il pénètre à l'intérieur de l'organisme féminin.

Considérons l'exemple suivant. Admettons que dans le passé, disons il y a cinq ans de cela, vous ayez été en contact avec une personne qui se serait mal conduite à votre égard. Celà fait déjà cinq ans que l'incident s'est produit et, n'ayant pas revu la personne depuis, vous êtes parvenu à oublier à peu près toute cette affaire. Mais disons qu'aujourd'hui-même, une personne vous approche et se met à vous dire du mal de l'autre personne qui vous aurait causé un certain dommage il y a cinq ans de cela. Que va-t-il se produire à l'intérieur de vous si vous autorisez les racontars de la personne d'aujourd'hui à pénétrer à l'intérieur de votre cerveau? Si vous accordez telle permission, vous constaterez que le nouveau venu, le racontar, se mettra immédiatement à la recherche d'une connaissance correspondante qui se trouve déjà enregistrée dans votre cerveau. Ensuite, les deux, renforcées du fait du nombre, constitueront une sorte d'engrais d'une puissance telle que les sentiments de votre coeur se mettront à générer une sorte de haine pour la personne que vous n'avez pourtant pas revue depuis cinq ans, et dont vous aviez sans doute pardonné l'incident qui est peut-être même oublié.

Considérons un autre exemple. Il s'agit d'un ex-alcoolique qui n'a pas absorbé une seule goutte d'alcool depuis trois ans. Nous savons tous que le seul remède à l'alcoolisme, c'est l'abstinence absolue. Cependant, qu'arrivera-t-il à notre ex-alcoolique si jamais il décide de prendre une seul verre de bière? A l'instant même, il reviendra au point qu'il était il y a trois ans. L'arrivant, soit le verre de bière absorbé et contenant de l'alcool, se mettra immédiatement à la recherche de ses éléments correspondants se trouvant déjà à l'intérieur de l'organisme de l'ex-alcoolique. L'alcoolisme de notre homme se réveillera d'un bond et une soif intense envahira tout l'individu au point qu'il aura bien du mal à résister à la forte impulsion de sa maladie. Et vous devinez les suites.

Si vous tenez absolument à ce que les sentiments que vous cultivez à l'égard des gens soient les plus sains possibles, ceci pour que la qualité de vos paroles aille sans cesse vers un plus grand degré de qualité, il vous faut absolument surveiller très étroitement les éléments intrus de toutes sortes qui se présentent à vos frontières à un rythme inouï.

Chacun de nous avons déjà assez de mal à contrôler le degré de qualité des sentiments que nourrit notre pensée sans que nous autorisions d'autres sentiments négatifs à faire irruption à l'intérieur de notre ordinateur mental. C'est ainsi qu'il faut absolument déployer une grande vigilance de tous les instants. Il y a tant d'éléments négatifs dans notre société qu'il faut beaucoup de vigilance et de courage pour n'ouvrir nos frontières qu'à ce qui mérite et vaut vraiment la peine de pénétrer dans notre cerveau, de chercher ce qui y correspond et ensuite de renforcer nos sentiments.

La télévision, les journaux, les revues, les commérages, les bavardages, les calomnies, ce sont là des voies modernes de communication qui cherchent à tout prix à se souder à nos propres voies de communication. Bien sûr, sur ces voies ne circulent pas que des informations négatives, nuisibles et destructrices. Il y a des informations valables et positives qui méritent de pénétrer en nous, d'alimenter l'action de notre pensée et ainsi de venir renforcer les sentiments qui sont déjà en croissance dans notre coeur. C'est donc là, au palier de nos frontières, nos sens, qu'il nous est tout à fait possible d'exercer toute la vigilance et surveillance nécessaires afin de n'autoriser la pénétration dans notre cerveau qu'aux seules informations qui sont positives, légitimes, saines, agréables, pures, utiles, joyeuses et durables.

La prochaine fois que quelqu'un cherchera à vous influencer en vous disant quelque chose de négatif contre telle personne, opposez-lui donc une résistance farouche, en émettant immédiatement quelque chose de positif et, vous verrez ce qui se passera. Immédiatement, la personne qui cherche à bavarder s'éloignera de vous, ou, si elle demeure auprès de vous, elle saura immédiatement à quoi s'en tenir avec vous.

Pour pouvoir ne dire que des bons mots, sains et positifs, il vous faut absolument surveiller la qualité de vos lectures et de ce que vos oreilles entendent. Ne permettez pas aux lectures avilissantes, ni aux films négatifs, ni non plus aux conversations insignifiantes, d'éroder la qualité de vos sentiments. Gardez toujours bien clair à l'esprit que la qualité des mots que vous direz dépendra absolument de la qualité des éléments de base qui pénètrent à l'intérieur de votre cerveau par la voie de vos sens. Ensuite, n'oubliez jamais que votre pensée, constamment à la recherche de nourriture mentale, ceci vingt-quatre heures par jour, constitue le moyen principal par lequel s'édifie votre coeur, le siège de vos sentiments. Enfin, restez vigilant en étant conscient que votre bouche, elle, n'émettra tangiblement et ne mettra à nu que l'exact reflet des sentiments intérieurs qui étaient en culture au palier de votre coeur.

En conclusion, disons qu'on a rarement l'obligation de devoir se repentir quand on cultive sans cesse la sage habitude de réfléchir soigneusement à ce que l'on veut vraiment dire. Ajoutons à ceci qu'on peut se permettre de dire tout ce qu'on veut dire quand on pense en tout temps à ce que l'on dit.

Chapitre 16

Il ne faut jamais juger personne

"Ne jugez pas et vous ne serez pas jugé"; "Dans la mesure dont vous jugez autrui, ainsi serez-vous aussi jugé"; "Celui qui juge se place au-dessus de la loi". Voilà quelques principes fondamentaux qu'il importe de bien saisir avant de s'aventurer dans le jugement des autres. Les principes précités constituent de solides raisons de ne pas s'immiscer dans un domaine aussi complexe et dangereux que celui consistant à juger les autres.

Pour un moment, examinons quelques tristes conséquences pouvant découler des jugements. Que dire des guerres, sinon de tristes résultats de jugements qui ont été portés à l'égard de personnes inconnues qui, à la suite de tels jugements négatifs deviennent soudain des ennemis qu'il importe absolument d'exterminer?

Aussi, considérons le domaine de la publicité.

Qu'est-ce qui fait qu'une mère de famille se rendra dans un certain magasin d'alimentation pour effectuer ses emplettes d'épicerie plutôt que dans un autre qui vend pourtant des produits alimentaires tout à fait identiques? Oui, quelle force peut agir sur telle ménagère, sinon la publicité? Maintenant, que dire de la publicité, sinon qu'il s'agit de l'une des plus prodigieuses forces d'influence sur le jugement qui puisse exister?

La plupart du temps, les jugements que nous faisons des personnes qui nous entourent, à propos de leurs actions, leurs intentions, sont le produit direct de notre imagination, laquelle en retour est fortement influencée, voire dominée par la qualité de nos sentiments.

Et que produisent les jugements hâtifs et émotionnels que nous émettons à propos des autres, sinon des conséquences regrettables qui handicapent au plus haut point le mécanisme délicat des relations humaines.

Il nous faut garder constamment présent à l'esprit que les autres, tout comme nous d'ailleurs, sont dotés des besoins innés d'être aimés, appréciés, approuvés, sécurisés; qu'ils ont aussi l'absolu besoin de se sentir en confiance dans leurs rapports avec nous et avec les autres humains. Voilà des besoins légitimes qui sont propres aux êtres qui nous entourent, exactement de la même façon qu'à nous aussi.

Mais quels sentiments ressentent les autres lorsqu'ils s'aperçoivent qu'on les a mal jugés, ou qu'on a dévié du juste jugement de leurs intentions, ou encore qu'on a maladroitement mis en doute leur sincérité et leur bonne foi? De la frustration de leur part, oui, beaucoup de frustrations. Maintenant, quelle conséquence fâcheuse peut-il résulter de la frustration, sinon un sérieux blocage mental qui fait que les gens seront tout à coup sur leurs gardes à notre égard, et qu'ils seront puissamment portés à s'éloigner de nous plutôt que de nous manifester leur bonne volonté. Il s'agit là de tristes conséquences négatives que doit se résigner à récolter l'individu qui, un peu trop hâtivement ou émotionnellement, se laisse aller à la dérive au point d'émettre des jugements tout à fait impropres à l'égard d'autrui.

Si vous avez pris le soin de bien réfléchir sur le phénomène de la guerre et celui de la publicité, vous avez sans doute compris que ce qui porte les gens à émettre des jugements précipités, négatifs et souvent erronés à propos d'autres personnes repose entièrement sur le domaine des influences.

Allez dans n'importe quel pays et demandez à un citoyen quelconque de quelque pays que ce soit de prendre un fusil et d'aller abattre ses voisins qui habitent dans un pays voisin et qu'il ne connaît pas du tout. Suite à une telle requête de votre part, il est à peu près certain que tel citoyen vous traitera de fou et vous posera la question suivante: "Mais pour quelle raison me demandes-tu d'aller tuer de pauvres gens que je ne connais pas, et qui, d'ailleurs, ne m'ont ab- solument rien fait?" Et le citoyen en question aurait bien raison de vous poser telle question. Oui, pour quel motif prendrait-il une arme et irait-il assassiner de sang-froid des gens paisibles qui ne lui en veulent même pas?

Maintenant, changeons la situation de contexte et enrôlons le même citoyen au sein d'une foule militarisée et fortement influencée par un cruel dic- tateur aux ambitions meurtrières et orgueilleuses. Comment, maintenant que le citoyen en question se trouve placé dans une sorte de contexte d'influence, va-t-il réagir au même ordre, c'est-à-dire à celui consis- tant à aller tuer ses voisins qui habitent dans un pays situé tout à côté du sien? Vous verrez alors jusqu'à quel point les influences pourront avoir de l'effet dans le jugement que notre citoyen émettait et émet maintenant à l'égard des mêmes résidants d'un pays voisin. Alors que le citoyen concerné considérait comme un meurtre crapuleux le fait d'aller tuer des gens inconnus, voilà que maintenant ce même citoyen honnête se transforme en un meurtrier crapuleux du seul fait de la puissante influence qu'il subit de la foule militarisée, se trouvant à son tour sous l'influence d'un dictateur autoritaire et doté d'une forte personnalité. Un tel cas, qui se voit très souvent, démontre hors de tout doute comment l'influence peut transformer un citoyen respectueux de la vie d'autrui en un cruel meurtrier. Mais qu'est-ce qui a donc permis une telle déviation dans le jugement, sinon l'influence de la foule!

Le même mécanisme de l'influence agit avec beaucoup de "bons" résultats pour les commerçants dans le monde de la publicité. Sans doute avez-vous déjà vu se produire le phénomène suivant. Un homme et une femme se promènent tranquillement sur le trottoir du centre-ville. Soudain, alors qu'ils se trouvent à la hauteur d'un grand magasin à rayons, le couple constate qu'une foule énorme se trouve à l'entrée du magasin en question. S'approchant quelque peu d'une femme qu'elle connaît, la promeneuse lui demande la raison d'un tel attroupement. Enthousiaste, l'amie explique que le magasin à rayons concerné est en train de faire sa plus grosse vente de l'année et que tout à l'intérieur est réduit de la moitié. Sans tarder, la nouvelle venue, tirant son mari par un bras, se précipite au sein de la mêlée afin de se diriger à l'intérieur de la bâtisse. Et voilà qu'après plus de deux heures d'attente, le couple met enfin les pieds à l'intérieur du magasin. Et, après avoir perdu une autre heure à faire le tour des rayons, notre couple se dirige vers la sortie tout en n'ayant rien acheté. Tout à coup les deux promeneurs réalisent qu'ils ont gaspillé tout ce temps à vouloir profiter d'une vente alors que rien n'était à leur goût. D'ailleurs, ils ne comprennent même pas ce qui a bien pu les pousser à pénétrer à l'intérieur de ce magasin où ils n'avaient même pas l'intention d'aller.

Voici un autre exemple illustrant bien le grand pouvoir de l'influence sur la qualité de notre jugement.

Une jeune mère de famille avait pris la sage décision

de cesser de fumer. Mais voilà qu'un après-midi, la femme en question est invitée par une voisine et quelques autres amies à jouer aux cartes. Vers cinq heures, toute découragée, la pauvre femme revient chez elle et dit à son mari qui venait d'arriver du travail: "Chéri, il m'est arrivé une chose terrible cet après-midi. J'ai brisé ma promesse que je m'étais faite à moi-même de ne plus fumer". Après avoir demandé à sa femme pourquoi elle avait rompu sa propre promesse, cette dernière explique qu'à cause de l'influence des autres femmes qui fumaient, elle avait finalement succombé à la tentation. Il s'agit encore là d'un exemple qui illustre fort bien jusqu'à quel point la puissance des influences peut être mortelle pour la qualité de nos jugements.

Il y a plusieurs années, il y eut une grève des policiers dans la belle ville de Montréal. Le soir, durant le temps où les policiers se trouvaient absents de leur travail, d'innombrables citoyens se sont mis à saccager des établissements, à briser des vitres de magasins, à voler et à se comporter en vrais sauvages. Pourtant, dans la cohue des individus en furie, il se trouvait de nombreux individus dont la bonne conduite n'aurait pu être mise en doute. Et comment se fait-il que ces citoyens paisibles et honnêtes se soient soudainement transformés en sauvages en saccageant tout sur leur passage? A cause de l'influence! Le jugement de ces ex-honnêtes et paisibles citoyens venait d'être perturbé et faussé par l'influence de quelques parasites détestables qui, en présence d'une grève des officiers de l'ordre, lâchaient tout simplement leur fou à travers les rues de Montréal.

La prochaine fois que quelqu'un cherchera à vous influencer à propos d'une autre personne, opposez-lui une solide résistance en lui lâchant les quelques questions que voici: "Eh! toi, pour quelle raison oses-tu avancer tel racontar à propos de telle personne?" "Ecoute un peu, toi là, si tu veux, on va aller tous les deux voir la personne concernée et on va lui demander directement si ce que tu me racontes d'elle est vrai ou faux!" "Ecoute un peu, toi là, pourrais-tu bien me dire ce que tu cherches en essayant ainsi de déprécier cette personne à mes yeux?" "D'accord, je suis moi aussi conscient que cette personne, dont tu me dis du mal et des choses négatives, a des défauts détestables; cependant, laisse-moi te dire qu'elle possède aussi les merveilleuses qualités suivantes: elle est généreuse, ordonnée, travailleuse, honnête, vaillante, bonne cuisinière!"

Oui, dès l'instant qu'une commère s'approchera de votre oreille pour vous faire une toute petite médisance négative à propos de telle ou telle personne, allez-y directement et lancez-lui les quelques questions ci-dessus mentionnées en pleine figure. Vous verrez jusqu'à quel point il s'agit là d'un formidable antidote dont le pouvoir prestigieux aura pour effet d'assassiner d'un coup sec la mauvaise influence qui cherchait à fausser votre jugement à propos d'une personne en particulier.

Si vous vous appliquez constamment à combattre et à déraciner les mauvaises influences qui cherchent sans cesse à vous amener à fausser votre jugement à l'égard des gens, vous vous rendrez vite compte jusqu'à quel point une telle façon de procéder pourra vous aider à conserver constamment une opinion tout à fait positive de vos semblables. Ce faisant, vos jugements ne courront pas le risque d'être faussés.

Bien sûr que tout le monde, vous, moi, votre voisin et ma belle-mère, ont parfois des comportements étranges, voire tout à fait détestables. Mais il est néfaste de se mettre à juger les gens à partir de leurs seuls comportements, car cette mauvaise manière de procéder a pour effet immédiat de bloquer le délicat processus des relations humaines. Le fait de trop s'attarder sur le comportement des gens, si détestable soit-il, se trouve à troubler nos délicates émotions, et nous connaissons bien les conséquences fâcheuses et négatives qui peuvent se produire quand nos émotions mentales sont un peu trop agitées.

La meilleure manière de voir les gens consiste à ne jamais cesser de les contempler dans leur devenir. Il faut voir les gens comme nous regardons le jardin que l'on vient de semer. Tel jardin n'est pas tellement emballant à contempler dès l'instant qu'il vient d'être semé. Toutes les graines de semences sont profondément enfouies dans la terre et nous serions bien embêtés de dire de quelle façon le processus de croissance est en train de s'effectuer.

Cependant, si nous contemplons le jardin qui vient d'être semé avec les yeux de son devenir, c'est-à-dire si nous le contemplons avec la claire vision mentale de son potentiel en devenir, nous nous dotons alors de la patience et du courage qui nous permettront d'attendre le parfait développement du jardin en question. Cette manière de contempler le jardin nous permettra aussi de pouvoir profiter pleinement des délicieux produits de notre jardin une fois qu'on sera arrivé à la période de la récolte.

Nous ne pouvons guère espérer de choses positives des gens si nous gaspillons notre courage et nos énergies à insister pour les voir dans leur état actuel. Mais dès l'instant qu'on prend la bonne et sage habitude de se contempler mutuellement avec les yeux de notre devenir mutuel, c'est-à-dire avec le merveilleux potentiel qui se trouve en croissance en chacun de nous, une fois qu'on sera parvenu à l'âge de la maturité, on pourra alors profiter pleinement de la sagesse des uns des autres dès le moment ou telle récolte de maturité poindra à l'horizon de nos existences mutuelles.

Chaque être humain est une magnifique semence qui est en perpétuelle croissance. Comment procède-t-on dans notre jardin quand nous constatons que les plantes en croissance sont envahies par toutes sortes de mauvaises herbes? Est-ce que nous arrachons les plantes qui seront un jour productrices de fruits et légumes en nous disant que parce qu'il y a des mauvaises herbes, la récolte ne saurait apparaître un jour? Non, nous nous appliquons à enlever soigneusement les mauvaises herbes afin d'aérer tout à fait les bonnes plantes et ainsi leur permettre de rendre leurs fruits à maturité.

Nous devons procéder exactement de la même manière avec nos semblables. Bien que les actes détestables qu'ils posent parfois, plutôt que NOUS posons TOUS, soient comparables à autant de mauvaises herbes, il serait tout à fait illogique d'insister pour déraciner les gens de leurs prodigieuses semences en croissance et en devenir de productions de fruits positifs, merveilleux et utiles pour tous. Ce que nous devons faire plutôt, c'est d'aider nos semblables à se départir de leurs mauvaises habitudes, ceci afin d'aérer tout à fait les bons plants de production qui sont en croissance en eux.

Rester vigilants et sur nos gardes afin de ne pas laisser fausser notre jugement par les mauvaises influences des autres; ensuite, cultiver l'excellente habitude de contempler autrui uniquement à travers le merveilleux devenir qui se trouve en constante culture en lui, voilà en définitive ce qui nous permet de profiter les uns des autres de tout le potentiel de courage collectif nous permettant de CONTINUER de poursuivre courageusement la palpitante course de notre existence humaine collective.

Chapitre 17

Une loi prodigieuse à votre service

Une personne peut parfois générer d'elle-même assez de courage pour pouvoir parvenir à la réussite d'un projet quelconque. Mais si nous voulons compter en permanence sur une abondante réserve de courage, il n'y a rien de mieux que de mettre de notre côté la bonne volonté des êtres qui nous entourent. Les autres seront de notre bord et heureux de collaborer avec nous, à la stricte condition qu'ils soient tout à fait convaincus de nos bonnes intentions et attitudes à leur égard. Il suffit d'un rien pour que les autres se mettent à douter de notre bonne foi. Et lorsque le doute à notre égard est semé dans l'esprit de nos semblables, ils deviennent comme bloqués mentalement et physiquement à notre égard; c'est alors que l'on devra se débrouiller tout seul, avec le peu de courage que l'on pourrait avoir.

Imaginez pour un moment que vous êtes seul dans votre automobile et, alors qu'il est dix heures du soir, vous roulez sur une petite route de province et la chaussée est toute glacée. Soudain, en prenant un tournant, votre auto se retrouve entièrement dans le fossé. Vous savez très bien que même si vous êtes une personne courageuse, vous n'êtes pas assez forte pour sortir vous-même le véhicule de sa fâcheuse situation. Vous vous placez debout le long de la route concernée et attendez qu'un bon samaritain vienne à passer par là.

Au bout d'un certain temps, une voiture arrive au tournant et, à son bord, se trouve un homme d'âge mûr, sa femme et leurs deux fils âgés de seize et vingt ans, justement tout ce dont vous avez besoin pour vous dépanner. Mais aussitôt que l'automobile en question se trouve à moins de cinq mètres de vous, vous sortez de votre poche un énorme couteau et vous vous mettez à menacer les occupants de la voiture qui s'apprêtait à stopper à votre hauteur.

Vous devez certainement imaginer ce qui va se passer. L'automobiliste, verrouillant toutes les portes de son véhicule, va assurément peser sur l'accélérateur et fuir le plus rapidement cet endroit qui ne lui paraît pas tellement rassurant. Voilà, à cause d'un seule geste menaçant de votre part, vous venez de faire fuir les seules personnes qui auraient certainement pu vous aider à reprendre la route.

Imaginons maintenant le cas d'un père de famille qui, à l'âge de trente-quatre ans, décide de se faire construire une maison. Tout est prêt pour la construction. La seule chose qui lui manque, c'est un emprunt de la banque avec laquelle il traite déjà des affaires. Notre homme va donc trouver son gérant de banque et lui soumet son projet d'un emprunt de cinquante mille dollars. Le gérant ne voit pas d'inconvénients à prêter une telle somme à son client, sauf qu'il y a un immense problème à résoudre. L'emprunteur devra trouver un endosseur solvable qui voudra bien consentir à garantir l'emprunt.

Déçu, le client se résigne à faire le tour de sa parenté afin de trouver l'endosseur requis. Et voilà qu'après plus de trois mois de recherches assidues, il n'a toujours pas pu trouver d'endosseur. L'homme en question se présente à nouveau à la banque et sollicite de plus belle l'emprunt nécessaire, sans endosseur. Mais bien qu'il soit abordable et compréhensif, le gérant de la banque ne peut absolument pas effectuer le prêt. La raison principale du refus réside dans le fait de la très mauvaise réputation du client en question. La plupart des chèques qu'il émettait n'avaient pas de fonds, ou s'ils en avaient, ils étaient le plus souvent inadéquats. De plus, ce type avait fait deux faillites en l'espace de moins de dix ans. Finalement, il ne pouvait trouver aucun employeur qui pouvait le recommander favorablement.

L'homme en question devint amer contre tout le monde suite à l'incapacité de pouvoir se faire construire la maison de ses rêves. Ses relations avec sa femme se dégradèrent au point qu'il abandonna sa famille. Et aujourd'hui, l'homme en question végète sur le bien-être social en ne cessant de maudire notre société injuste et pourrie.

Voilà deux courtes illustrations, dont l'une est véridique, qui démontre bien toute l'importance qu'il y a à semer constamment du bien, du beau et du bon si l'on tient à récolter une semence de bien, de beau et de bon plus tard.

Bien sûr que le type dont la voiture était dans le fossé était dans son strict droit de faire des menaces à qui que ce soit. Mais remarquez où le conduisit son droit: à devoir rester en panne et à geler tout seul le long de la route.

Bien sûr que l'homme de notre deuxième illustration était dans son droit le plus strict lorsqu'il faisait des chèques sans provisions et qu'il refusait de payer ses dettes et aussi de faire du bon travail. Cependant, vers quoi l'obstination de s'attacher à son droit strict le conduisit-il? A la perte de sa réputation et à l'obligation de devoir végéter lamentablement dans la rue alors que d'autres qui sont dotés d'une bonne réputation se voient ouvrir toutes grandes les portes de la réussite.

J'ai déjà illustré dans un autre livre, l'histoire de ce chasseur perdu qui, après être entré dans une petite cabane, s'est assis auprès du poêle dans la cabane et se mit à tenir le raisonnement suivant au poêle en question: "Donne-moi de la chaleur et je te donnerai du bois. Toi, le poêle, je t'avertis, tant que tu ne me donneras pas de la chaleur, tu n'auras pas un morceau de bois de ma part." Et voici comment cette obstination s'est terminée: plusieurs mois plus tard, des chasseurs trouvèrent notre ex-chasseur en partie décomposé devant le poêle de la cabane.

Un jour, un jardinier qui en avait assez de cultiver la terre, s'assit à côté de son jardin, c'était au mois d'avril, et tint le raisonnement suivant à la terre: "Toi, le jardin, je suis tanné de te travailler pour que tu produises des légumes. Cette année, nous allons faire les choses différemment. Tu vas d'abord me produire des légumes, ensuite je te donnerai des graines de semence et je cultiverai ton sol. Je tiens à bien t'avertir, tant et aussi longtemps que ne m'auras pas donné des légumes de belle et bonne qualité, tu n'auras pas un seul grain de semence, ni un seul coup de gratte de ma part." Et notre jardinier attendit ainsi jusque tard dans l'automne. Et une fois la période de la récolte arrivée, les autres jardiniers tout autour récoltaient joyeusement leurs magnifiques récoltes tandis que notre jardinier obstiné, lui, était encore assis à côté de son jardin et continuait à l'abreuver de toutes sortes de menaces inutiles.

L'une des plus grandes et magnifiques lois de la vie atteste fermement que l'on ne peut espérer récolter que l'exact reflet de ce qu'on aura semé plus tôt. "On ne se moque pas de Dieu, d'écrire Saint-Paul... Quoique l'homme sème, c'est aussi ce qu'il récoltera!" Voilà une des plus grandes lois de la vie même qu'il convient de mettre sagement à notre portée si nous tenons à nous assurer d'excellentes récoltes de réussites, de joie de vivre, de courage et de bonheur plus tard.

Tout au long de ce livre, nous avons parlé abondamment du fait que tous les êtres humains habitant notre planète étaient dotés des mêmes besoins fondamentaux absolus: le besoin d'aimer et d'être aimé, le besoin de donner et de recevoir, le besoin d'apprécier et d'être apprécié, le besoin de réconforter autrui et d'être à son tour réconforté par autrui, le besoin de pardonner et de se faire pardonner, le besoin de soigner les gens et le besoin d'être soigné par eux, le besoin de confiance, de fidélité, d'honnêteté et de compréhension. Ce sont tous là des besoins humains fondamentaux et innés à tous les êtres de notre propre espèce.

Toutes les illustrations mentionnées dans le présent chapitre ont pour but de démontrer clairement que quoi que nous voulons récolter un jour ou l'autre, on se doit d'abord de le semer aujourd'hui même. Celui qui ne sème rien ne récoltera rien; tandis que celui qui, à chaque instant de sa vie, s'applique à semer toutes sortes de graines de positif, de paix, de confiance, d'amour, de compréhension, de joie, de bonheur et de courage; ce dernier peut alors vivre avec l'absolue certitude qu'il récoltera un jour ou l'autre en conséquence de tout ce qu'il aura semé. Il s'agit ici d'une loi absolue et fondamentale de la vie même. Non, on ne peut pas se moquer d'une telle loi qui origine de Dieu même... "Quoique l'homme sème, c'est aussi ce qu'il récoltera!"

Celui qui sème du vent récoltera la tempête et celui qui sème de l'amour récoltera de la compréhension.

POINTS SAILLANTS À RETENIR
DE LA TROISIÈME PARTIE DE CE LIVRE

Du chapitre 12

Prendre le temps et le soin d'ouvrir tout grands les yeux afin de regarder, contempler et découvrir tout à fait ces autres êtres humains qui évoluent tout autour de nous, qui nous ressemblent en tout point et dont les aspirations sont à peu près identiques aux nôtres. Voilà, en quelques mots, l'essence du chapitre 12; découvrir les autres, pour ensuite établir les voies de communication nécessaires qui nous mèneront jusqu'à eux, c'est-à-dire jusqu'au prodigieux royaume de leur conscience.

Du chapitre 13

C'est seulement l'inconnu qui fait peur. On parvient toujours à apprivoiser ce qu'on parvient à bien connaître. Dès lors qu'on parvient à découvrir quels sont les véritables besoins fondamentaux innés à nos semblables, ainsi qu'à nous-même, et qu'on comprend bien jusqu'à quel point les besoins des autres ne sont guère différents des nôtres, on ne peut alors faire autrement que s'atteler à la tâche qui consiste à combler ces besoins, autant en nous que chez autrui. Les besoins fondamentaux humains sont minimes et les humains ont le pouvoir d'accomplir des miracles par-

fois quand ils voient leurs besoins intérieurs satisfaits.
Le besoin d'aimer, d'être aimé, le besoin de spirituel, de donner, de recevoir, partager, communiquer, échanger, le besoin de paix, d'amitié sincère, le besoin d'apprécier et d'être apprécié, ce sont là certains besoins fondamentaux intérieurs qui sont propres à tous les êtres humains habitant notre planète. Le fait d'apprendre à identifier nettement ces besoins, de les satisfaire le mieux possible, voilà qui permet à l'être qui procède ainsi de pouvoir compter en permanence sur une prodigieuse réserve de courage sur laquelle il pourra sans cesse compter tout au long du parcours de la réalisation de ses réussites personnelles, ou communautaires.

Du chapitre 14

"Tout ce que vous voulez que les autres fassent pour vous, vous devez D'ABORD le faire pour EUX!" Il s'agit là de la plus fantastique règle de succès qui ne puisse exister. Etant donné que chacun de nous aspire ardemment vers la réussite des objectifs vitaux qui nous tiennent à coeur, c'est seulement en respectant absolument cette formidable règle que nous pourrons alors parvenir à nos fins légitimes. Faire aux autres ce qu'on aimerait qu'ils nous fassent, les traiter tel qu'on aimerait qu'ils nous traitent, leur dire les mots qu'on désire entendre de leurs bouches, penser d'eux exactement comme on aimerait qu'ils pensent à notre égard, leur pardonner les bêtises qu'on aimerait voir pardonnées de leur part à notre égard. Refuser obstinément de nous soumettre à cette règle fondamentale se trouvant à la base même des relations humaines, c'est exactement comme chercher à se soustraire obstinément à la loi de la pesanteur, à la loi de l'alimentation, du sommeil, ou toute autre loi fondamentale de base du genre.

Du chapitre 15

La langue, bien qu'un tout petit membre, possède un pouvoir inouï. C'est grâce à la langue que nous pouvons exprimer et ainsi enflammer la roue de la vie sur la terre. Sans ce merveilleux petit membre, nous aurions beaucoup de mal à communiquer les uns avec les autres. Malheureusement, ce petit membre possède un autre pouvoir: celui de détruire les meilleures relations humaines qui soient. Les gens nous jugent et retiennent bien plus ce que nous disons que ce que nous faisons. Nous appliquer à contrôler notre langue pour ne dire que ce qui est essentiel, légitime, utile, positif et édifiant, voilà une excellente recette de paix, de joie de vivre, de bonheur et de courage; une recette qui a le don d'éviter bien des échecs et des catastrophes inutiles. Mais pour ne dire que du bien, du bon et du beau, il est obligatoire de ne penser qu'à ce qui est bien, beau et bon. Voilà en résumé ce qui nous oblige à ne laisser pénétrer à l'intérieur de notre vaste cerveau que ce qui est bien, beau, utile, positif et édifiant, autant pour nous-même que pour tous nos semblables.

Du chapitre 16

Celui qui se permet de juger autrui finit par devenir l'esclave de celui qu'il a jugé. Juger autrui, c'est se résigner à court, moyen et long terme à l'échec. Etant donné le fait qu'il nous est à peu près impossible de juger équitablement quelqu'un, surtout à cause du fait que nous ignorons trop de faits concernant telle action, telle personne, ou telle parole, il nous faut donc cultiver la sage habitude de ne jamais émettre de jugements contre qui que ce soit. Il faut se méfier des influences qui, par tous les moyens possibles, cherchent à nous influencer à travers nos émotions et ainsi finir pas fausser notre jugement. Sachant d'avance que nos jugements sont, la plupart du temps, engendrés par nos émotions et nos sentiments, nous n'avons donc pas d'autre choix que d'adopter les sages maximes suivantes: "Ne jugez pas et vous ne serez point jugé"; "Dans la mesure où vous jugez autrui, ainsi serez-vous aussi jugé."

Du chapitre 17

"Quoique l'on sème aujourd'hui, c'est aussi ce que l'on récoltera demain." Ainsi se définit la plus prodigieuse loi de fondement de la vie même. Ayant pu constater les effets fantastiques de cette loi à l'oeuvre, autant dans le domaine du jardinage que celui de la naissance, nous agirons donc avec grande sagesse si nous en appliquons les principes dans quelque domaine des relations humaines que ce soit. Celui qui, à chaque instant, s'applique à satisfaire pleinement les besoins fondamentaux et innés de ses semblables peut alors acquérir l'absolue certitude de pouvoir récolter, tôt ou tard, les merveilleux fruits provenant des graines de semence qu'il aura semées plus tôt dans les vastes sillons des consciences humaines qui évoluent sans cesse tout autour de chacun de nous. Vous tenez absolument à récolter une forêt d'affection demain, alors soyez sage et appliquez-vous à semer une toute petite graine de sourire aujourd'hui!

Le Courage et la Vie

Chapitre 18

La vie est une banque immense et juste

Pourrait-il y avoir un meilleur exemple qu'une grande banque pour nous aider à mieux comprendre le prodigieux mécanisme de la vie? Voilà, en définitive, ce qu'est exactement la vie. Une immense banque qui possède d'énormes fonds en réserve pour pouvoir satisfaire largement les besoins de tous les êtres humains. De plus, la vie est une banque tout à fait juste, et aucun des clients qu'elle sert ne peut trouver quoi que ce soit à se plaindre avec cette magnifique et immense banque qu'est la vie.

Dès le premier jour de notre naissance, nous avons commencé à nous mettre en dette avec la vie. En effet, comme nous ne pouvions pas produire ni donner grand chose de nous-même, à cette époque de notre jeune âge, la vie, nous faisant confiance, nous faisait toutes les avances de fonds dont nous avions besoin pour pouvoir vivre. C'est ainsi que nos parents ont pris soin de nous, de nombreuses personnes nous ont pardonné volontiers nos innombrables erreurs et bêtises de jeunesse, des éducateurs nous ont communiqué toutes sortes de connaissances utiles, des médecins nous ont soigné. Ainsi, par l'entremise de mille et une personnes, on peut dire que tout ce que nous recevions à l'époque constituait des sortes d'avances de fonds que nous faisait la vie, ceci afin de nous permettre d'atteindre le seuil de rentabilité avec notre être.

Ce qui s'est passé entre nous et la vie depuis notre naissance est comparable avec ce qui se passe entre une nouvelle entreprise et une institution bancaire lorsque ladite entreprise est à ses débuts d'opérations.

A ses débuts, une entreprise a besoin de beaucoup d'argent pour pouvoir investir dans l'achat de bâtisses, de matériel ainsi que dans toutes sortes de produits à être revendus. C'est à ses débuts qu'une entreprise a alors bien besoin des fonds en crédit que lui accorde sa banque. Mais dès que le seuil de rentabilité commence à être atteint, l'entreprise devient alors en mesure de rembourser la banque et aussi lui verser des intérêts pour les fonds avancés antérieurement.

C'est ainsi que fonctionne le système bancaire que nous connaissons. Sans l'aide des banques, à peu près aucune entreprise ne pourrait voir le jour, ce qui serait catastrophique pour notre système économique. Mais si, une fois qu'elles sont parvenues au seuil de rentabilité, les entreprises ne remboursaient pas leurs emprunts, ni ne payaient des intérêts, nous irions aussi tout droit à la catastrophe économique. Car sans fonds, les banques ne pourraient plus aider de nouvelles entreprises à voir le jour à leur tour.

Pour un instant, imaginez un peu ce qui vous serait arrivé si, à votre naissance, la vie avait refusé de vous accorder du crédit, ou consentir des avances de fonds. Imaginez ce que vous seriez devenu si, dès le jour de votre naissance, la vie, par l'entremise de vos parents immédiats, avait insisté pour que vous acquittiez d'avance le prix de vos premiers repas, que vous acquittiez vous-mêmes votre premier séjour à l'hôpital, le prix de vos premiers livres de classe, le coût des premiers vêtements que vous avez portés, vos premiers médicaments, etc. Oui, imaginez dans quel pétrin chaque nouveau-né serait si la vie, par l'entremise des premiers humains avec lesquels nous devenons en contact à notre naissance, avait insisté pour que nous défrayons, rubis sur l'ongle, tous les frais inhérents à notre petite personne. Nous n'aurions pas pu respirer longtemps s'il nous avait fallu tout payer comptant, par nous-mêmes, tous les frais nous concernant à compter des premières secondes de notre existence.

Donc, à notre naissance, la vie elle-même, telle une immense banque, nous a ouvert un compte personnel dans l'un de ses grands livres. Bien entendu, à compter de notre premier souffle, jusque tard dans notre adolescence, la vie nous a accordé un crédit en abondance, c'est-à-dire autant que nous en avons eu besoin.

Mais si la vie est en tout point comparable à une banque, il s'agit bel et bien d'une banque absolument JUSTE, ça ne l'oublions jamais.

Il est vrai qu'à compter de notre naissance, la vie n'a cessé de nous consentir des avances de fonds de toutes sortes; cependant, la vie nous a équipé, physiquement et mentalement, de telle sorte que nous puissions la rembourser un jour, capital ainsi que les intérêts innés aux avances de fonds consenties.

S'il nous arrivait de nous montrer négligent en pensant que la vie va nous laisser vivre à notre guise et égoïstement, nous tombons alors dans une erreur lamentable, lourde de tristes conséquences pour nous. Encore une fois, n'oublions jamais que la vie est une banque immense et riche, une banque absolument dotée du sens de la justice le plus aiguisé qui soit, et aussi une banque qui ne perd jamais de vue l'un ou l'autre de ses débiteurs. Chercher à se soustraire aux lois puissantes de la banque de la vie, et chercher à ne profiter égoïstement que de ses générosités, c'est se condamner soi-même à devoir acquitter une lourde dette tôt ou tard dans un certain tournant de notre existence.

A notre naissance, la vie avait bien raison d'investir en nous et de nous consentir toutes les avances de fonds nécessaires. La vie nous avait doté de tant de merveilleuses possibilités et de tant d'atouts générateurs de réussites de toutes sortes qu'elle était à peu près sûre de ne rien perdre en misant aussi généreusement sur notre propre personne.

Par exemple, la vie nous a doté d'un cerveau d'une puissance insondable, de facultés mentales dont l'exploration émeut le plus audacieux des savants, de périodes de temps en tout point égales avec tous les autres humains, de capacités et moyens physiques qui ont le don de nous permettre de réaliser le moindre de nos rêves légitimes et d'accessoires matériels qui sont un peu partout éparpillés sur notre planète et qui, lorsque sagement utilisés, ne peuvent faire autrement que de contribuer au mieux-être et à plus de bonheur pour l'ensemble de la communauté des humains.

Donc, la vie était bien consciente qu'elle ne courait guère le risque de perdre ses investissements lorsqu'à notre naissance, elle accepta de nous consentir avec tant de générosité autant d'avances de fonds de toutes sortes, exactement comme elle le fit depuis notre premier souffle. La vie nous ayant doté de tant de merveilleuses facultés et capacités, elle est absolument consciente de notre capacité de pouvoir la rembourser largement.

Si, depuis le premier jour de notre naissance, nous n'avons fait que recevoir des avances de fonds de la vie, il nous faut, à présent que nous sommes parvenus à l'âge de la maturité, de la productivité, nous mettre en frais de rembourser nos innombrables dettes à la vie elle-même.

Ce qui nous a aidé à parvenir à l'âge adulte est dû, non pas à nos propres forces mentales et physiques, mais plutôt aux avances mêmes de la vie. C'est ainsi que par l'entremise des êtres humains qui nous entourent, la vie s'est occupée de nous nourrir, nous vêtir, nous loger, nous instruire, nous éduquer, nous nettoyer, nous soigner, nous aimer, nous comprendre, nous pardonner, nous discipliner, nous consoler, etc. Voilà ce qui nous a vraiment aidé à parvenir à l'âge actuel que nous avons. Il est bien certain que sans les avances de fonds de la vie, promulguées à travers tant de générosités de la part de nos semblables qui nous ont précédés, nous ne serions guère grand chose aujourd'hui.

Maintenant que nous sommes parvenus à l'âge de la maturité, de la productivité, de quelle façon pouvons-nous bien rembourser le capital et les intérêts que nous devons honnêtement et loyalement à la merveilleuse vie? Oui, de quelle façon pouvons-nous acquitter notre immense dette envers la vie?

Bien qu'il nous soit à peu près impossible de nous acquitter auprès de toutes les personnes qui ont si généreusement contribué à faire de nous ce que nous sommes aujourd'hui, nous pouvons néanmoins acquitter notre immense dette de la façon suivante, ce dont la vie elle-même nous demande: Ne jamais cesser de communiquer et transmettre aux autres, à ceux qui nous entourent et ceux qui viennent après nous, les merveilleuses richesses dont la vie elle-même a rendu possibles en nous.

Bien sûr qu'à notre naissance, nous étions certainement dotés de certains dons innés. Peut-être nos parents nous ont-ils transmis le don pour la musique, le don de l'épargne, le talent de la réussite, ou quelqu'autre don que ce soit. Mais où seraient tous ces dons innés à notre naissance si la vie, par l'entremise de tant de généreuses personnes, n'avait pas investi en nous les fonds nécessaires pour nous permettre de développer à fond nos dons innés et devenir ainsi l'être peut-être formidable qu'on est devenu?

La conclusion s'impose donc d'elle-même. Tout ce que nous possédons et tout ce que nous sommes devenu, nous le devons entièrement à la vie. C'est la riche et généreuse vie qui, par l'entremise de mille et une personnes, souvent inconnues, a investi tant de fonds en nous que nous sommes finalement devenu ce que nous sommes aujourd'hui.

Et de quelle façon la vie nous demande-t-elle de lui rembourser les dettes que nous lui devons? D'une manière qui n'est pas tellement difficile. D'une manière qui peut même nous procurer du bonheur, beaucoup de bonheur.

La vie nous demande seulement de communiquer et transmettre aux êtres qui nous entourent les merveilleux dons qu'elle nous a permis de développer en nous. Voilà, la vie ne nous demande rien d'autre pour la rembourser, ceci tout en y puisant encore d'innombrables particules de bonheur de toutes sortes.

Pour un instant, admettons que vous soyez un champion nageur. Admettons aussi que par peur de voir quelqu'un d'autre devenir peut-être plus habile que vous en natation, vous refusiez à tout prix d'apprendre à qui que ce soit vos excellentes techniques en natation. Mais voilà qu'un beau jour, alors que vous êtes en train de faire un pique-nique sur une belle plage sablonneuse, en compagnie d'une dizaine d'amis, l'idée vous prend soudain d'aller nager au large. Mais étant donné que personne du groupe ne sait nager comme vous, à cause du fait que vous avez tenu absolument à garder pour vous seul vos techniques, vous n'avez pas d'autre choix que celui de vous aventurer seul dans la mer. Vous vous mettez donc à nager, tout seul vers le large, alors que vos pauvres amis, eux, auraient bien aimé vous accompagner s'ils avaient connu vos techniques de natation.

Mais voilà que tout à coup, alors que vous êtes à plusieurs centaines de mètres du bord, vous êtes en proie à une crise cardiaque. Voilà, vous êtes tout fin seul à plusieurs centaines de mètres du bord et comme personne n'est à vos côtés pour vous venir en aide, vous commencez tout à coup à comprendre que vous allez vous noyer. Quelle sorte de remords pourraient vous envahir en un tel moment? Si seulement vous aviez eu la générosité de partager vos connaissances en natation avec vos amis, ceux-ci auraient pu alors vous accompagner et il est bien certain que l'un d'eux aurait pu vous secourir et certainement vous sauver la vie.

Il y a quelques années, une longue panne d'électricité paralysa tout le Québec durant quelques jours. Par-dessus le marché, c'était l'hiver et il va sans dire que ce fut un dur obstacle à affronter pour plusieurs familles. Dans une certaine rue d'une certaine ville du Québec, un couple entre deux âges, sans enfant, avait eu la sagesse de se doter d'une bonne génératrice de courant. Aussi, le couple en question ne fut guère incommodé par la panne. Mais juste à côté de la maison du couple concerné, vivaient quelques familles aux moyens réservés qui n'avaient pas la même chance que le couple en question. Aussi, au cours de la première soirée, les familles voisines vinrent frapper à la porte du couple, ceci afin de permettre aux gens en question de pouvoir dormir à la chaleur. Mais les familles gelées eurent beau frapper à la porte de la maison du couple âgé, aucun des deux ne voulut ouvrir leur foyer à ces pauvres gens gelés. Bien plus, le vieux en question s'arma d'un fusil et, à travers la porte, il menaça les gens dehors de déguerpir de chez lui, sinon il tirerait à travers la porte. Donc, bien malgré eux, les pauvres gens durent se rendre beaucoup plus loin afin de chercher de la chaleur ailleurs.

Maintenant, voici de quelle cruelle mais juste façon la vie elle-même vengea les pauvres familles gelées. Trois jours après le début de la tempête, des déneigeurs découvrirent le couple en question, tous les deux morts dans leur belle grande maison. Voici ce qui s'était passé. La première nuit, pas longtemps après le départ des familles gelées, la génératrice du couple en question tomba en panne. Etant dans l'im-

245

possibilité de faire redémarrer l'engin, l'homme utilisa une sorte de poêle au propane afin de réchauffer la maison. Mais voilà que faute d'aération, les émanations toxiques avaient vite eu raison de la vie du pauvre couple égoïste. Voila de quelle façon la vie elle-même se venge parfois des gens égoïstes qui, après avoir tant reçu de la vie, refusent obstinément de rembourser leurs dettes à la vie, soit en communiquant du bien à autrui, à ceux qui sont véritablement dans le besoin.

On pourrait aussi comparer la vie à un immense miroir et, tel un miroir, la vie ne nous reflètera que l'exact reflet que nous mettons à sa surface. Si l'on tient absolument à ce que la vie nous renvoie des images de paix, d'amour, de positivisme, de bonheur, de courage, de compréhension, de pardon, d'entraide, ceci à travers les autres êtres qui nous entourent, alors libre à nous de déposer à la surface même du miroir de la vie tout ce dont nous tenons absolument y voir refléter.

Tel un vigilant percepteur d'impôts, la vie finit toujours par coincer l'individu qui cherche à la tromper. De plus, ayant à son service la plus sournoise ennemie de l'humain, c'est-à-dire la mort, qui pourrait donc échapper aux justes et immuables lois de la vie?

Chapitre 19

L'art de savoir trouver et garder sa place

Trouver sa place dans la vie et demeurer sagement à sa place une fois qu'on l'a enfin trouvée, voilà qui permet de vaincre assurément le découragement.

Un grain de sable est très utile pour construire un solage de maison; cependant, le même grain de sable devient nuisible et une grande source d'irritations dès l'instant qu'il se loge dans un oeil humain. Un boucher accomplit du bon travail lorsqu'il travaille à l'intérieur de sa boucherie; mais insistez pour que le boucher en question aille faire de la chirurgie dans une salle d'opération, et vous récolterez les malheurs à la pelle. Une mouche est très utile lorsqu'elle opère à l'intérieur des limites innées à son contexte; mais transportez cette même mouche à l'intérieur de votre bol de soupe et voyez les dégâts et les désagréments.

Tout ce qui est à sa place est générateur de courage et d'énergie. Mais dès qu'une chose, ou un humain insiste pour oeuvrer dans des limites autres que le contexte qui lui convient le mieux, c'est alors que les ennuis généralisés commencent.

Tous, nous aimons beaucoup le soleil. Il s'agit que nous perdions le soleil de vue un jour ou deux pour que nos humeurs se mettent à changer. Cependant, si nous aimons le soleil, c'est essentiellement parce qu'il sait demeurer à sa place. Que le soleil commence à se rapprocher le moindrement de notre planète, ou qu'il décide d'éclairer vingt-quatre heures par jour, et vous verriez jusqu'à quel point l'épouvante deviendrait vite généralisée sur le globe que nous habitons. Oui, nous aimons tous le soleil, mais à la stricte condition qu'il demeure à la place qui lui est assignée.

De même qu'il y a de la vie, du souffle, de l'oxygène, de la lumière, de l'amour, du rire, du bonheur, du courage et quoi que ce soit d'autre, en grande abondance pour tous les êtres humains qui vivent et qui naîtront sur notre planète, il y aussi une place pour chaque être humain à l'intérieur des limites assignées aux individus de notre espèce.

Savoir découvrir, trouver et demeurer à notre place constitue une source de courage illimitée disponible à l'être qui procède ainsi. Par contre, insister pour assumer un, ou des rôles qui ne nous conviennent pas personnellement, ou dont nous ne sommes pas préparés pour assumer les responsabilités propres à tel rôle, voilà qui peut être la source de nombreux maux et découragements humains.

Considérons l'exemple d'un jeune homme et d'une jeune fille qui, brûlants du feu de la passion charnelle, décident de se marier. Les deux savent très bien qu'ils ne sont pas du tout prêts, ni même disposés à assumer des responsabilités propres au monde conjugal et familial, mais n'empêche que leurs passions charnelles sont tellement fortes qu'ils ne peuvent pas résister au mariage. Et voilà que nos deux jeunes amoureux s'épousent. Le jeune mari n'a ni foyer, ni argent, ni aucune formation de mari et père et c'est la même chose du côté de la jeune épouse. Cependant, considérant la force de leur amour, c'est bien ce qui apparaît comme le plus important aux yeux des jeunes mariés.

Voilà que moins de neuf mois plus tard, un premier bébé fait son apparition au sein de la jeune cellule familiale qui, il faut bien l'admettre, n'était pas du tout préparée à une telle réception un peu trop bruyante et qui prend pas mal trop de place dans la vie des deux jeunes inexpérimentés. Quelques semaines après la naissance de l'enfant, le mari, découragé par tant de chambardements, sans argent ni emploi, décide de tout abandonner. Il claque la porte et tous se retrouvent éparpillés sur le bien-être social. Que de frustrations et de découragements inutiles devront à présent être le lot de certaines personnes qui avaient tant insisté pour joindre les rangs, ou jouer des rôles pour lesquels ils n'étaient absolument pas préparés. En somme, si ces deux jeunes gens s'étaient montrés sages en demeurant à leur place, jusqu'au jour où ils auraient eu assez de maturité afin de pouvoir assumer les responsabilités de parents, ils n'auraient pas à devoir subir les échecs et les malheurs qui se dessinent admirablement bien à leurs yeux maintenant.

Que dire maintenant du couple qui, n'ayant aucune économie et étant fortement influencé par la publicité, décide un bon matin de s'envoler pour une île du Sud. Bien sûr, il est facile pour ce couple de se procurer tout l'argent nécessaire afin de pouvoir effectuer le grand voyage qui leur faisait tant envie. Ils ont les poches pleines de cartes de crédit et, comme ils le disaient avant de partir, il faut bien vivre un peu. Donc, tout est beau et fantastique au départ. Mais quelle lamentable et brutale réalité les attend au retour!

Un mois environ après le retour à la réalité, le mari qui a reçu tous les comptes, se réveille soudain et réalise enfin qu'il a accumulé pour un montant de plus de trois mille dollars de nouvelles dettes. "Imagine! crie-t-il à sa femme, ce maudit voyage nous a coûté trois mille piastres. Veux-tu bien me dire ce qu'on va faire maintenant?" Voici ce que fait le mari en question depuis trois ans maintenant: il paie toujours cette "maudite" dette de voyage.

Rêver de se marier, de faire un voyage, avoir un enfant, habiter sa propre maison, échanger la voiture, chercher un emploi convenable, ce sont tous là des projets tout à fait légitimes et qui peuvent être tout à fait réalisables. Mais insister à tout prix pour s'aventurer dans des projets sans y être préparé au préalable, ni avoir la force nécessaire pour assumer les responsabilités innées aux nouvelles possessions, voilà qui laisse présager bien des maux et des découragements à quiconque manque de sagesse dans de tels domaines et qui se laisse dominer plus par ses émotions que par sa raison.

L'être humain, qu'il soit homme ou femme, n'a pas été fait pour vivre tout seul. Non, nous avons été créés de telle façon que nous pouvons aspirer à notre total épanouissement seulement lorsque nous sommes unis à notre complément. Voilà un désir tout à fait légitime et raisonnable que celui de vouloir se marier à quelqu'un qu'on aime et avec qui l'on se plaît bien. Cependant, insister à tout prix pour vivre une vie de personne mariée alors qu'on a toutes les difficultés au monde à assumer les responsabilités d'une personne célibataire, voilà qui engendre pas mal de frustrations et qui est la principale cause de tant de divorces et d'abandons de foyers à notre époque.

Posséder et habiter sa propre maison est un autre désir tout à fait légitime pour un couple marié. Mais ce rêve bien légitime peut se transformer en cauchemar s'il est choisi par des personnes qui, n'étant pas du tout préparées à assumer de telles responsabilités, décident quand même de s'aventurer dans un tel entonnoir de la vie. Par contre, tel rêve pourra se transformer en d'innombrables bienfaits de toutes sortes s'il est décidé à un moment où un couple est tout à fait préparé pour assumer les responsabilités innées à un tel privilège.

Vouloir à tout prix oeuvrer dans un emploi qui nous valorise est là un autre rêve tout à fait légitime pour le travailleur. Cependant, insister pour s'impliquer dans un travail pour lequel on n'est pas assez bien préparé, voilà qui dégénère vite en frustrations, en stress, en échecs et en découragements. D'ailleurs, tous les mauvais médecins, les mauvais fermiers, les mauvais bûcherons, les mauvais bouchers, les mauvais policiers sont là présents pour nous rappeler en permanence les effets désastreux et négatifs qui sont le lot de ceux qui insistent pour oeuvrer dans des emplois, ou professions pour lesquels ils n'ont pas la moindre aptitude ou pas suffisamment de préparation.

Pour être heureux dans la vie et disposer d'une abondante source de courage et d'énergie, il importe de chercher ardemment sa place et d'apprendre à l'aimer et à y demeurer une fois qu'on l'a enfin identifiée. Il ne sert à rien d'insister à tout prix pour jouer des rôles pour lesquels nous sommes mal préparé, ou dont notre manque de maturité nous voue d'avance à l'échec. Agir avec tant d'obstination reviendrait à nous exposer à une récolte d'échecs, de frustrations, de malheurs et de pertes de courage.

La pratique crée la compétence; la compétence crée le talent; le talent crée le métier; le métier assure l'emploi; l'emploi satisfait le besoin; le besoin satisfait rend heureux; le bonheur est source de courage. Voilà une chaîne de vie qui, lorsqu'évoluée étape par étape, nous évite bien des maux, des échecs, des frustrations et des découragements.

Chapitre 20

Il faut constamment aller dans le sens de la vie

Je me souviens que lorsque j'étais jeune, nous avions chez nous un énorme chien. Mon père était garde-forestier à l'époque et ce chien lui rendait d'inestimables services lors de ses randonnées en forêt. Je me souviens aussi que j'aimais bien flatter ce gros chien qui aimait beaucoup jouer avec nous les enfants. Ce chien était très doux pour les enfants, mais une chose l'irritait énormément. A chaque fois qu'un jeune enfant flattait le chien dans le sens contraire de son poil, il se mettait alors à grogner et à montrer des crocs menaçants. On avait beau faire quoi que ce soit au chien, il ne se fâchait pas. Mais aussitôt qu'on le flattait dans le sens contraire du poil, il devenait agressif.

La vie m'a toujours fait penser à cet ancien chien avec lequel j'aimais bien m'amuser. On peut s'amuser tant que l'on veut avec la vie tant et aussi longtemps qu'on ne se met pas en frais de la flatter dans le sens contraire du poil. La vie, tel le temps, se déroule toujours dans le même sens continuel et quiconque veut dompter la vie doit d'abord se mettre à l'unisson avec elle, ou marcher du même pas qu'elle si l'on veut. Insister pour aller dans le sens contraire de la vie, c'est s'exposer aux blessures que la vie elle-même nous fera subir avec ses longs crocs aiguisés.

Pour un moment, imaginez que vous êtes en automobile en train de circuler paisiblement sur l'autoroute transcanadienne et que vous vous dirigez de Québec vers Montréal. Une longue file d'automobilistes suit votre auto et tout va pour le mieux jusqu'au moment où, soudain, vous tournez de bord et vous vous mettez à rouler vers Québec, mais tout en demeurant sur la même voie de circulation. Vous pouvez facilement imaginer les risques d'accidents susceptibles de vous arriver si vous persistez à rouler obstinément dans le sens contraire du trafic.

Vous savez ce que font les policiers aux conducteurs d'automobiles qui insistent pour rouler dans une rue à sens unique? Ils leurs remettent sur le champ un billet de contravention et ils les arrêteront s'ils persistent dans leur obstination.

Vous savez ce qui arrive aux grands chênes qui refusent de plier et qui s'obstinent à affronter les grands vents? Ils cassent net. Maintenant, savez-vous ce qui arrive aux roseaux légers des marécages qui eux, acceptent de plier dans le sens du vent? Ils continuent à vivre.

Un jour, après sa journée de travail, un brave travailleur retournait tranquillement chez lui quand, soudain, un bandit armé le somma de lever les mains. Le téméraire travailleur, plutôt que de remettre son porte-monnaie au bandit, s'obstina et se prépara à lui asséner un solide coup de poing à la mâchoire. Vous voulez connaître la suite? Le valeureux travailleur réussit à conserver son porte-monnaie. Une bonne nouvelle, n'est-ce pas? Mais, attendez, l'histoire n'est pas terminée. Oui, le "courageux" travailleur conserva sa paie, mais il perdit sa vie. Il s'éteignit avant que l'ambulance qui le transportait n'arrive à l'hôpital. Une balle tirée par le bandit s'était logée dans le coeur du malheureux.

Celui qui n'agit pas est assurément un paresseux, mais celui qui se précipite est certainement un sot. Voilà la définition de l'être qui manque de patience: un sot qui s'expose de lui-même à l'échec.

Aller dans le sens de la vie, c'est coopérer avec la vie même. Et que peut-il bien arriver d'autre que des résultats positifs et des réussites à celui qui coopère avec la vie. Mais pour être à même de coopérer avec la vie, il faut cultiver un art merveilleux qui tend de plus en plus à disparaître de nos jours. Je veux parler de la patience.

Donnez-moi la patience et je la veux tout de suite; voilà la sorte de raisonnement devenue très populaire à notre époque. Donnez-moi la réussite et je la veux tout de suite, voilà le raisonnement de l'être voué d'avance à l'échec.

La réussite est comme un chef-d'oeuvre et, comme tout chef d'oeuvre, c'est seulement dans le calme et la patience qu'elle peut s'atteindre.

Avant de savoir parler, il faut savoir marcher et, avant de savoir marcher, il faut savoir manger et, avant de savoir manger, il faut savoir respirer et, avant de savoir respirer, il faut venir au monde. Voilà des étapes de vie qu'il importe de franchir avant de parvenir à quelque réussite que ce soit. Et que faut-il pour parvenir à franchir toutes ces étapes, sinon de la patience, beaucoup de patience.

Un jour, alors qu'il était le deuxième après Pharaon en Egypte, le téméraire Moïse, âgé de quarante ans, se mit orgueilleusement en frais de vouloir libérer les Israélites de l'esclavage égyptien. Fort, puissant, élevé et très sûr de lui, le téméraire Moïse commença par asséner un solide coup de poing à un égyptien, ce qui tua net ce dernier. Estimant qu'une telle délivrance de tout un peuple s'opérerait par ses seules forces, Moïse était convaincu que les Israélites se joindraient à lui afin de renverser le puissant empire égyptien. Mais telles n'étaient point les vues de Jéhovah, le Dieu des Israélites. Et à ses dépens, Moïse dut apprendre que la patience est une vertu des dieux. Moïse fut forcé de s'exiler durant quarante longues années, ce qui lui fut nécessaire pour cultiver l'art de la patience et de l'humilité. Voilà la raison pour laquelle la Bible parle ensuite de Moïse comme de l'homme le plus humble de toute la terre. La patience et l'humilité, voilà des leçons de vie profitables que lui communiqua son Dieu durant son long exil de quarante ans.

Pour mener à bien une réussite légitime et utile, il est très important d'aller dans le sens de la vie, c'est-à-dire de laisser le temps à la vie de faire germer, éclore, grandir et mûrir telle réussite. Tout ce qui vient avant terme est prématuré et ce qui est prématuré n'a guère de chances de survivre au temps.

Si vous voulez connaître dans quel sens évolue la vie, mettez-vous alors à son écoute. Faites-le attentivement et vous ne serez pas déçu des formidables leçons de vie que vous communiquera la prodigieuse vie.

Observez attentivement le cycle annuel des quatre saisons qui président au calcul de notre temps humain. Remarquez que chaque année, avec une régularité absolue, les saisons innées à notre système solaire sont constamment fidèles au rendez-vous et avec elles nous sont aussi apportées les nécessités de notre survie. En observant le déroulement de notre temps annuel, vous remarquerez que les quatre saisons nous arrivent toujours à l'intérieur d'une période de temps bien déterminée, soit douze mois ou trois cent soixante-cinq jours.

Observez notre globe terrestre maintenant. Voyez comme il tourne à une vitesse vertigineuse. Imaginez, un tour de vingt-cinq mille milles chaque jour! Tout un voyage quotidien, n'est-ce pas? Pourtant, nous tournons au même rythme que la planète Terre, sans même nous en rendre compte.

Maintenant, observez le merveilleux miracle de la naissance. Sans que nous en soyons trop conscients, un être humain est fécondé, se développe et naît au rythme de la vie. Quel autre miracle de patience et d'humilité! Un être humain fait son entrée dans notre monde, de façon tellement silencieuse et humble, que nous n'avons à peu près pas conscience de son développement. Exactement comme la Terre. Elle tourne à une vitesse inouïe, ceci sans bruit et sans que nous n'en n'ayons connaissance.

Allez dans un jardin et contemplez les plantes qui sont en train de croître. Bien que vous êtes incapable de les voir se développer, n'empêche qu'elles profitent, ceci au rythme de la vie, silencieusement, humblement, patiemment.

Quelque soit le rêve, le projet, l'objectif ou le but que vous poursuivez présentement, soyez donc patient. Ne vous découragez pas en vous disant qu'à votre goût, les choses ne vont pas assez vite. Ne vous inquiétez pas; si votre projet est réaliste, utile, légitime et bon, soyez persuadé que même si vous n'en êtes pas conscient, n'empêche qu'il se développe au rythme même de la vie.

Si vous vous découragez dans la poursuite de quelqu'objectif que ce soit, vous ne ferez pas autre chose que faire avorter le projet. La future maman ne se décourage pas parce qu'elle est déjà rendue à cinq mois de gestation et qu'il n'y a toujours pas de bébé qui sort. Non, elle sait que la vie elle-même a réservé une période de temps de neuf mois pour permettre la construction convenable d'un bébé humain. Imaginez si, se décourageant à cause de l'impatience, telle maman, à quatre mois de l'accouchement normal, insisterait pour faire sortir le bébé de son ventre. Ce qui se produirait alors s'appelle avortement, ou catastrophe, ou encore échec.

Plus le projet que vous êtes en train de poursuivre présentement a de l'importance, plus il vous faut du calme pour le réaliser et le mener à bon port. Et d'où origine le calme, sinon de la patience? Sans patience, il ne peut y avoir de calme; sans calme, il ne peut y avoir de paix; sans paix, il ne peut y avoir d'ordre; et sans ordre, il ne peut pas non plus y avoir ni harmonie ni réalisation.

Assignez-vous donc comme objectif de toujours aller dans le sens même de la vie. Mettez-vous à l'écoute de la vie et observez ses innombrables réalisations. Que ce soit pour faire tourner la Terre, produire un oeuf, faire pousser une carotte, faire grandir un arbre, fabriquer un bébé humain, ou quoi que ce soit d'autre. Ouvrez les yeux, observez attentivement les réalisations de la vie. Voyez maintenant jusqu'à quel point la vie peut être patiente, ordonnée, harmonieuse, paisible, productrice, utile, positive et courageuse. Non, la vie, exactement comme son

Auteur, ne manque jamais de courage pour pouvoir CONTINUER de tourner et produire sans fin.

Chapitre 21

La naissance, la vie, l'éternité

L'être humain que nous sommes est doté d'un prodigieux cerveau qui pourrait avoir une durée de vie d'au moins 70 milliards d'années. De plus, nos facultés mentales telles, la mémoire, la pensée, la réflexion, la décision sont tout simplement fantastiques lorsqu'on se met à y penser le moindrement. Que dire des sentiments dont nous sommes dotés? Enfin, quoi penser de la conscience, cette fidèle gardienne divine qui se trouve à l'intérieur de chacun de nous? Oui, toutes les merveilleuses facultés dont nous sommes dotés ont de quoi émouvoir le plus pessimiste des humains.

Avez-vous remarqué que bien qu'il y ait des millions d'espèces de créatures sur la planète Terre, seul l'être humain a été doté d'un cerveau comme le nôtre, de facultés mentales comme celles que nous possédons, de sentiments qui sont propres aux humains et d'une conscience dont aucune autre espèce connue sur notre planète ne possède même une infime copie?

Mais pour quelle raison notre Créateur nous aurait-il doté d'autant de facultés et de dons aussi impressionnants alors qu'il n'en fit rien pour toutes les autres espèces de vie qui évoluent tout autour de nous sur la Terre? Dieu aurait-il ainsi voulu nous montrer qu'il avait une mission et un objectif différents pour nous, les humains?

Lorsque le Sauveur est venu sur notre Terre, il a parlé à maintes reprises de la vie éternelle. D'ailleurs, il a mentionné que sa venue ici-bas avait pour but spécial de permettre à ses fidèles brebis d'obtenir la vie éternelle, en abondance.

Si vous êtes un fervent lecteur de la Bible, vous avez sans doute remarqué que le sujet de la vie éternelle revient à de nombreuses reprises à travers les pages du saint Livre. Saint-Paul, Saint-Pierre, Saint-Jean et beaucoup d'autres, attirent constamment l'attention du lecteur à l'effet que la vie éternelle est l'une des plus grandes destinées pour l'humain.

Quelques mois avant de rédiger ce livre, je m'appliquais à rassembler des notes pour le présent chapitre et, soudain, l'envie me prit de questionner quelques personnes au hasard à propos de la vie éternelle. Voici le genre de questions que j'ai posées à certaines personnes de divers milieux: "Que penses-tu de la vie éternelle?", ai-je demandé à l'une de ces personnes. Voici sa réponse: "Je n'en sais pas grand chose.", me répondit-elle. Bien sûr, il n'y a rien d'alarmant dans une telle réponse lorsqu'elle est donnée par un enfant de deux ans, mais comment réagir quand une telle réponse est émise par un enseignant dans un Cegep?

Voici ce que j'ai demandé à une autre personne: "D'après toi, te trouves-tu suffisamment préparé pour envisager la vie éternelle?" Ebahie, la personne me répondit: "Tiens, j'ai jamais pensé à ça, moi!" Cette personne est une comptable agréée.

A une autre personne, j'ai demandé: "Que penses-tu faire durant l'éternité?" Après avoir ri un bon coup, la personne, un infirmier, me répondit: "L'éternité, mais ça m'dit absolument rien, c't'affaire-là!"

A au moins vingt personnes, j'ai posé toutes sortes de questions au sujet de la vie éternelle. De toutes les personnes interrogées, une seule, une ménagère dans la cinquantaine, m'a affirmé qu'elle vivait constamment en vue de la vie éternelle. Mais dès que j'eus demandé à cette brave femme ce qu'elle s'attendait de faire dans le royaume de l'éternité, elle m'avoua franchement qu'elle n'en savait absolument rien.

Vous commencez maintenant à comprendre le principal malheur humain, la source des nombreux découragements humains. Bien que notre propre organisme soit doté d'innombrables facultés qui laissent, hors de tout doute, présager qu'il est construit pour une durée de vie bien plus longue que celle que nous connaissons présentement, et bien qu'à maintes et maintes reprises, la Bible elle-même fasse mention de la vie éternelle et de l'éternité, c'est malheureux de constater comment si peu de gens, à notre époque, croient vraiment à cette vie éternelle à laquelle sont destinés les humains de bonne volonté qui seront finalement agréés par l'Auteur même de la vie éternelle.

L'individu qui ne vit que pour la vie présente a toutes sortes de raisons d'être découragé, de manquer de courage. En effet, notre existence actuelle est tellement hasardeuse et incertaine qu'il y a de quoi ruiner toutes les ambitions et le courage réunis.

D'ailleurs, la mort n'est-elle pas sans cesse présente parmi nous et ne cesse-t-elle pas de nous rappeler jusqu'à quel point notre vie présente peut être éphémère? Et la maladie, les guerres, les violences, les incertitudes, les sécheresses, les épidémies, ne sont-elles toutes pas là parmi nous afin de nous rappeler l'incertitude et la brièveté de notre existence?

Insister pour ne vivre que pour l'éphémère présent, voilà qui a de quoi nous faire sombrer dans une sorte de découragement chronique. Oui, pourquoi faire tant de projets, rêver à tant de choses, si la brièveté et l'incertitude de notre vie présente ne nous permettent pas de mener à bon port nos objectifs les plus légitimes? Insister pour ne vivre que pour la vie présente revient à s'obstiner à vivre à court terme

Mais que notre vie devient différente, voire toute

transformée, quand enfin on se met à vivre à long terme et qu'on permet à notre vision de l'existence d'étaler ses regards positifs jusque dans les limites de l'éternité. Vivre avec l'éternité en vue nous permet de vivre à bien plus long terme, donc de cesser de bousculer nos facultés mentales en les obligeant constamment à vivre à trop court terme.

Lorsque l'humain se met à vivre quotidiennement avec la perspective "réaliste" de l'éternité en vue, il cherche donc à se qualifier pour pouvoir se mériter ce don fantastique que sera la vie éternelle. Le fait qu'il cherche à se qualifier pour la vie éternelle permet donc à l'humain de vivre dans une sorte de long terme qui contribue à lui enlever la plupart de ses stress, ses impatiences, soit la plupart de ses handicaps.

Mais ce qu'il y a de plus fantastique lorsqu'on se met à vivre avec l'éternité en vue, ou comme objectif principal, c'est que cette manière de vivre nous amène à cultiver, dans le présent, des qualités requises chez ceux qui auront effectivement la vie éternelle.

La Bible est très claire là-dessus. Sans me permettre de vous donner un cours de morale, je tiens quand même à préciser, par exemple, qu'une foule d'individus qui pratiquent de nombreuses choses détestables ne pourront jamais avoir la vie éternelle, à moins qu'ils se décident à changer du tout au tout leur mode de vie actuel. Par exemple, la Bible atteste que les fornicateurs, les adultères, les voleurs, les menteurs, les ivrognes, les idôlatres, les coléreux, les envieux, les médisants, les impies et nombreux autres n'auront pas la vie éternelle, sans non plus oublier ceux qui vont constamment après la chair ou qui sont matérialistes.

Le choix devient donc clair pour l'humain intelligent. Soit que je vive dans le présent uniquement pour la jouissance éphémère des choses que la Bible condamne et que je sois disqualifié pour la vie éternelle; ou, par contre, soit que je me dissocie des choses condamnées et ainsi je me qualifie pour la vie éternelle. Le choix est donc on ne peut plus clair.

Qu'enseigne maintenant la Bible à ceux qui, sciemment, choisissent d'adopter un mode de vie se prolongeant jusque dans l'éternité? Les conditions requises pour vivre éternellement sont, toujours selon la Bible, d'abord la "piété", ce qui signifie développer un attachement indéfectible à l'égard de la personne de Dieu même. Ensuite, la Parole encourage telle personne à bien vivre les traces de Jésus. Ensuite, la Bible nous incite à cultiver les qualités de l'Amour, la Foi, la Longanimité, le Courage et autres qualités du genre. Voilà en résumé les conditions qui seront requises de la part de ceux qui aspirent à la vie éternelle.

Admettons maintenant que vous soyez vous aussi une de ces personnes qui ne croient pas à la vie éternelle. Bien sûr, c'est votre droit le plus strict de croire ou de ne pas croire et nous ne discuterons même pas de votre choix tellement il est personnel.

Cependant, que vous croyiez ou non à la vie éternelle, vous devrez par contre admettre que les qualités requises pour se qualifier à la vie éternelle sont en tout point en absolue compatibilité, voire harmonie, avec la conscience de l'humain. Et, comme nous l'avons vu abondamment à travers ce livre, l'humain peut se générer autant de courage qu'il a besoin tant et aussi longtemps que sa conscience fonctionne en parfaite harmonie avec les lois fondamentales de la vie.

Quoi conclure maintenant? Que l'on croit ou pas à la vie éternelle, le fait de s'appliquer à cultiver et acquérir les qualités permettant d'atteindre la vie éternelle sont un grand bienfait pour la conscience humaine. Il ne faut pas oublier que le vrai courage n'origine pas des émotions, ni des sentiments humains. Le courage de l'humain origine, répétons-le, de l'approbation de sa bonne et saine conscience. Encore une fois, ce que la conscience vigilante et éclairée approuve et excuse, elle procure du courage en abondance aux facultés mentales afin de permettre à celles-ci d'avancer vers la réalisation du but à atteindre.

Que vos propres émotions ou sentiments vous incitent à croire ou à ne pas croire à la vie éternelle n'a donc plus guère d'importance. Mais si votre propre conscience éclairée, raisonnable et judicieusement aiguisée approuve les conditions requises mentionnées plus haut, c'est son action d'approbation à elle, c'est-à-dire votre conscience, qui vous générera tout le courage nécessaire pour que vous ayez la force de vous mettre à cultiver toutes les excellentes qualités mentionnées. Et que vous croyiez ou pas à la vie éternelle, le seul fait de cultiver en vous des qualités aussi merveilleuses que la Bonté, l'Amour, la Paix, la Douceur, la Maîtrise de soi, la Longanimité, la Piété, etc., voilà qui vous équipera de solides atouts pour pouvoir puiser de vous-même, des autres, de la vie et de Dieu, tout le courage nécessaire afin de continuer d'avancer vers la réalisation de vos autres projets légitimes, sains et utiles.

C'est seulement l'inconnu qui fait peur

Un jour, un homme se rend chez son médecin afin de subir un examen médical approfondi. Depuis quelque temps, le patient a remarqué qu'il toussait plus qu'à l'accoutumée et, inquiet, il tient absolument à en avoir le coeur net. Il va sans dire que l'homme en question est un gros fumeur qui, depuis une bonne vingtaine d'années, ne manque pas de fumer ses deux gros paquets de cigarettes chaque jour.

Une fois l'examen terminé, le docteur dit à son patient que s'il veut absolument continuer à vivre, il devra s'appliquer à changer du tout au tout ses habitudes de vie. En d'autres termes, le gars devra cesser totalement de fumer, adopter un régime alimentaire riche en minéraux, en vitamines et en protéines, et aussi s'adonner à des exercices physiques précis et quotidiens. Selon les dires du médecin, c'est à cette seule condition, c'est-à-dire en changeant entièrement ses habitudes de vie, que l'homme pourra espérer voir sa condition physique s'améliorer.

La prescription du docteur a beau être adéquate, n'empêche que le patient, lui, ne le prend pas du tout sur le même ton. Il se met en colère contre le médecin et réplique à ce dernier qu'il est tout à fait libre de sa vie et que personne au monde, absolument personne, ne le fera changer d'habitudes de vie, surtout en ce qui a trait à la cigarette.

Bien sûr que le docteur n'avait aucunement l'intention de gérer le mode de vie de son patient. Après tout, qu'importe au médecin si le type en question n'a pas assez d'amour et de respect pour sa propre vie au point d'apporter les quelques corrections qui lui permettraient de continuer de vivre, de vivre surtout en bien meilleure condition physique.

Et voilà que le patient s'en retourne chez lui, absolument déterminé à ne pas abandonner la moindre de ses mauvaises habitudes. Mais un an plus tard, jour pour jour, les pronostics du médecin se sont réalisés à la lettre. L'homme en question est mort. Il est mort avec ses mauvaises habitudes.

Cette histoire vraie résume bien ce qui peut se produire quand un individu se met à avoir peur de l'inconnu. Pour cet homme, le fait d'abandonner ses mauvaises habitudes et d'en acquérir de nouvelles, constituait une sorte de monde tout à fait inconnu pour lui, un monde inconnu dans lequel il avait trop peur de s'aventurer; et c'est ce qui le tua finalement

Depuis sa sortie de l'école, à l'âge de quinze ans, un garçon s'adonnait au trafic de la drogue, au vol et à la prostitution. Les revenus que lui rapportaient ses activités permettaient au garçon un mode de vie tout à fait à l'abri du besoin. Ses parents eurent beau lui signifier à maintes reprises qu'un tel mode de vie finirait par lui apporter des ennuis, n'empêche que le garçon continua de faire à sa tête. Il s'obstina dans son mode de vie illégal sans même prendre la peine de vérifier ce qu'un mode de vie légal et plus réaliste aurait pu lui apporter sur tous les plans. De nombreuses connaissances s'appliquèrent à venir en aide au jeune homme, soit en lui offrant toutes sortes d'emplois légaux et lucratifs, mais rien ne put changer quoi que ce soit à l'intérieur de la tête du jeune voyou.

Vers l'âge de vingt ans, les journaux étalaient à la une la photo du jeune homme. Il venait d'être abattu par une bande de bandits avec lesquels il se trouvait en concurrence déloyale et, c'est la raison pour laquelle le jeune bandit devint aussi populaire du jour au lendemain. Sa peur de l'inconnu, soit de vivre une existence plus légale et plus paisible, l'avait tué.

Lorsque Jésus est apparu sur la scène terrestre, il apporta avec lui la solution idéale à nos nombreux maux humains. Bien qu'il prouva l'authenticité de sa mission divine, n'empêche que Jésus finit sur un poteau, assassiné tel un meurtrier. Voilà ce que firent des ignorants en présence de quelque chose de nouveau. L'inconnu leur fit tellement peur qu'ils préférèrent s'en débarrasser plutôt que d'apporter quelques changements que ce soient à leur mode de vie.

Combien d'illustres personnages sont passés sur notre planète avec en leur possession des formules fantastiques mais qui étaient tout à fait inconnues de leurs contemporains. Et comment la plupart de ces personnages ont-ils terminé leur course terrestre? Dans la peine pour la plupart, dans le martyre pour plusieurs et dans le ridicule pour tous. Socrate, Daniel, Noë, Esaïe, Jérémie, Jésus, Pierre, Paul, Etienne, Galilée, tous d'illustres personnages qui finirent très mal à cause de cette peur quasiment maladive qu'éprouvent les humains en présence de l'inconnu.

L'inconnu est la chose qui fait le plus peur aux humains, comme aux bêtes d'ailleurs. Mais dès le moment où cet inconnu devient familier, dompté, il ne fait plus peur et, ô miracle, il apporte avec lui des bienfaits inestimables.

Nous voici maintenant au coeur du problème humain: Nous sommes disposés à accepter n'importe quoi, mais nous ne voulons surtout pas CHANGER, "nous" CHANGER! En effet, se changer apporte avec soi son lot d'inconnu et c'est précisément cet inconnu qui fait le plus peur aux gens.

Un homme a fumé toute sa vie et, un beau matin, il va voir son docteur afin que ce dernier l'aide à résoudre ses problèmes d'asthme et de bronches.

Voyez, le patient en question a assez confiance au docteur pour prendre la peine d'aller le voir à son bureau. Mais voilà qu'une fois l'examen terminé, le docteur dit à son patient qu'il devra absolument arrêter de fumer, sinon... Immédiatement, le patient, effrayé par l'inconnu, soit par le fait de devoir adopter une nouvelle habitude avec laquelle il n'est pas familier, se choque contre le docteur, menace de lui retirer sa clientèle et claque la porte du bureau médical en insistant sur ses droits de décider ce qui lui convient ou pas.

La peur d'abandonner quelque chose de familier, soit la mauvaise habitude de fumer et de devoir adopter quelque chose d'inconnu, soit la bonne habitude de cesser de fumer, voilà le véritable inconnu qui fait peur à tous ces malades qui persistent dans leur détestable habitude du tabagisme. Pourtant, des millions d'individus ont délibérément choisi de cesser de fumer et cet inconnu qui leur faisait peur antérieurement leur a procuré toutes sortes de bienfaits inestimables: un meilleur souffle, une meilleure respiration, un pouls cardiaque plus normal, de la propreté, une meilleure odeur, des économies substantielles, et plus de vie aussi.

Bien sûr qu'il peut paraître difficile à un individu qui a passé une bonne partie de sa vie à soutirer malhonnêtement de l'argent aux autres, de changer ses habitudes de vie en se mettant honnêtement au travail afin de gagner loyalement son pain quotidien. Cependant, toutes sortes de bienfaits positifs sont procurés à l'individu qui s'applique à gagner honorablement sa vie: compétence, talent, maîtrise de soi, fidélité, loyauté, amitié, reconnaissance, réputation, pour ne citer que ceux-là. Bien que le fait de travailler honnêtement constitue une sorte d'inconnu qui fait peur à prime abord, n'empêche que cet inconnu a toujours le don d'apporter avec lui son lot de bienfaits une fois qu'on se résigne enfin à l'apprivoiser.

Le même inconnu peut aussi faire peur dans le domaine de l'amitié. On peut dire que pour beaucoup de gens, la sorte d'amis qu'ils fréquentent sont franchement négatifs et loin de les améliorer, les élever. Cependant, celui qui s'aventure à la découverte de nouvelles amitiés a certainement devant lui une sorte d'inconnu à devoir découvrir, à explorer et à dompter. Cependant, quelle source de grands gains apportera cet inconnu une fois que les nouvelles amitiés acquises commenceront à rapporter des dividendes sur tous les plans!

Apprendre une nouvelle langue est assurément un monde inconnu qui fait peur à première vue. Mais dès l'instant qu'on se met à marcher sur ce nouveau sentier, on ne manque pas de découvrir de nombreuses facettes de l'existence que nous n'avions même pas soupçonnées. En effet, imaginez un peu les nouvelles découvertes fantastiques qui sont désormais à la portée de l'être qui commence à explorer une nouvelle langue. Voilà un monde inconnu qui faisait peur à l'origine, mais qui, maintenant qu'il est dompté, rapporte des dividendes inouïs, voire insoupçonnés.

Changer d'emploi est un autre monde inconnu qui a le don de faire très peur parfois. C'est la raison pour laquelle de nombreuses personnes se résignent à végéter lamentablement dans un emploi mal payé, dévalorisant sur tous les plans. La peur de l'inconnu, voilà ce qui peut handicaper un travailleur au point de l'amener à croire qu'à part l'emploi lamentable qu'il occupe, il n'y a rien de mieux qui puisse exister ailleurs. Cependant, combien de travailleurs qui, ayant vaincu cet inconnu et qui, s'étant mis sérieusement à la recherche d'un emploi valorisant et tout à fait inné à leur personnalité, ont été à même de découvrir tout un monde de nouvelles connaissances et d'heureux bienfaits fantastiques!

Un humoriste a déjà écrit qu'il n'y avait que les vieilles filles pour faire constamment les mêmes choses toujours au même moment. Bien sûr, il s'agit là d'humour, mais d'humour qui a quand même le mérite de nous aider à réfléchir aux conséquences négatives qui deviennent notre lot quand nous nous résignons à végéter constamment dans les mêmes habitudes de vie. Insister pour toujours garder les mêmes habitudes constitue une sorte de phobie à l'égard de l'inconnu. Et que peut bien nous apporter la peur de l'inconnu, sinon toujours les mêmes aspects routiniers et souvent négatifs innés à la routine.

Il y a tant de choses inconnues à découvrir qu'on se demande pourquoi tant de gens se résignent à subir lamentablement leur sort, à gémir et à se décourager dans leurs vieilles habitudes usées. Dès l'instant qu'on se met assidûment à la découverte de l'inconnu, on constate alors que tout un nouveau monde fantastique, positif, générateur de courage et de joie de vivre se trouve tout à notre portée.

Sortir de chez soi et aller faire connaissance avec le nouveau voisin; aller faire une promenade en forêt; aller jouer à la balle avec les enfants du voisinage; rendre visite à des vieux parents que le temps nous avait fait oublier; préparer une vieille recette culinaire et inviter de vieilles connaissances; aller faire une marche avec notre conjoint; ce soir, faire une partie de cartes plutôt que de regarder la télévision; parler du beau temps plutôt que de la pluie; acheter des vêtements neufs; téléphoner à des amis éloignés; lire le livre qui nous a toujours fait envie; acheter notre premier terrain; pique-niquer; etc., etc. Voilà toutes sortes d'inconnus qu'il suffit seulement de vouloir découvrir pour enfin devenir à même de puiser en eux toutes sortes de nouvelles découvertes positives, légitimes, enthousiastes, joyeuses, heureuses et, voilà ce qui importe le plus, génératrices de courage et d'énergie.

Chapitre 23

Cessez donc de vous inquiéter pour rien

Gémir dans les inquiétudes, c'est piétiner sur place; et qui piétine toujours au même endroit n'avance plus. Les inquiétudes engendrent le doute, les doutes neutralisent les attitudes mentales positives: enfin, c'est tout le délicat mécanisme de la conscience qui devient comme court-circuité dès l'instant que les doutes font leur apparition à l'intérieur de l'être.

Mais d'où originent vraiment les inquiétudes, sinon d'un grave manque de foi? En effet, on ne peut plus s'inquiéter une fois qu'on est vraiment convaincu qu'une chose sera telle qu'on la souhaite et pas autrement.

Nourrissez votre foi et tous vos doutes et vos inquiétudes mourront de faim. La foi et les inquiétudes sont comparables aux habitudes. Comme il suffit de cultiver une bonne habitude pour pouvoir se débarrasser d'une mauvaise; ainsi, c'est en cultivant une foi solide dans la vie que l'on parvient à se débarrasser de ses doutes et de toutes ses inquiétudes. Oui, nourrissez votre foi et toutes vos inquiétudes mourront de faim, et c'est ainsi que vous serez en mesure de pouvoir continuer d'avancer et de progresser courageusement dans la vie.

"La foi, telle que définie par Saint-Paul, est la ferme certitude qu'une chose sera telle qu'on la souhaitait." Ou, toujours selon le même rédacteur inspiré: "La foi est la claire vision de choses qu'on espère."

Quiconque possède une telle foi s'immunise du même coup contre d'innombrables inquiétudes inutiles et désastreuses.

Examinons maintenant les diverses facettes de la foi, ce sentiment positif au pouvoir prodigieux pouvant éliminer toute forme d'inquiétude.

Premièrement, pour pouvoir placer toute notre foi dans un projet quelconque, il importe d'abord que tel projet remplisse les quelques conditions suivantes:

a) Il importe que le projet convoité ou espéré soit absolument harmonisé avec la conscience éclairée de la personne qui espère la réalisation de tel projet. Il ne sert à rien de mettre sa foi dans un projet si celui-ci est contraire à l'une quelconque des lois fondamentales de la vie.

b) Il importe aussi que le projet convoité ou espéré soit absolument légitime. Ce qui signifie qu'il ne sert à

278

rien de mettre sa foi dans la réalisation d'un projet si celui-ci ne nous revient pas de droit.

c) Il importe encore que le projet espéré soit utile et conforme en tous points aux besoins fondamentaux de l'individu qui espère la réalisation de tel projet. Si notre conscience accuse tel projet dû au fait qu'il n'est pas conforme à nos besoins propres, il ne sert à rien de placer sa foi dans la réalisation de tel projet.

d) Enfin, il importe que le projet espéré ne soit absolument pas nuisible aux autres êtres qui nous entourent.

Donc, tant et aussi longtemps qu'un projet, ou un objectif espéré remplit ces quelques conditions, c'est-à-dire qu'il est absolument harmonisé avec la conscience éclairée, qu'il est légitime, qu'il est utile, répond à un besoin fondamental et qu'il n'est en aucun cas nuisible pour qui que ce soit, on peut alors conclure que tel projet court le risque de devenir réalisable, puisqu'il remplit la première condition de la foi.

Deuxièmement, une fois que le projet a franchi la première étape d'approbation, il importe que TOUTES les facultés mentales de l'individu qui vise tel but soient absolument orientées positivement dans le sens de la réalisation du projet en question. Ce qui signifie que les facultés de penser, décider, choisir, planifier, doivent harmoniser leurs efforts et s'orienter positivement dans le sens progressif du but à atteindre.

Il importe absolument que le projet visé soit bien décidé, délibérément choisi, patiemment planifié et que la vision de chaque détail concernant l'objectif à atteindre soit bien claire dans tout l'esprit.

Troisièmement, après que le projet décidé et espéré a franchi les deux premières étapes, c'est-à-dire l'approbation de la conscience éclairée et l'orientation positive des facultés mentales, il est important que tel projet passe le seuil de la troisième étape. Ce qui signifie que le concepteur du projet concerné devra AGIR positivement de tout son être. C'est bien beau d'espérer la réalisation d'un projet légitime; cependant, tant et aussi longtemps que des gestes positifs précis ne sont pas posés, mettre toute sa foi dans tel projet ne pourra guère faire avancer les choses.

Par exemple, j'ai beau désirer à tout prix faire un voyage dans le Sud, n'empêche que même si tel désir est tout à fait légitime, en parfait accord avec ma conscience éclairée, et qu'il ne nuit en rien à personne, le voyage ne se fera jamais si je n'AGIS pas concrètement. Ce qui signifie qu'en plus de mobiliser positivement toutes mes facultés mentales vers la réalisation de mon voyage, je devrai aussi agir en ce sens que je devrai travailler et économiser si je veux avoir l'argent nécessaire qui me permettra enfin de réaliser mon rêve.

Illustrons maintenant les trois étapes innées à la foi

par l'exemple suivant. Admettons que mon projet soit de construire une maison. Premièrement, il s'agit là d'un projet tout à fait légitime. Il s'agit en plus d'un projet utile, qui répond à mes besoins fondamentaux et qui ne brime en rien les droits de mes semblables. Donc, on peut dire que le projet de me construire une maison passe allègrement la première étape de la foi. Je peux donc mettre maintenant ma foi dans mon projet étant donné qu'il vient de franchir la première étape de la foi.

Mais mon projet ne se réalisera pas tant et aussi longtemps que les deux autres étapes ne seront pas franchies. Ce qui signifie que pour mener à bon port la réalisation de mon projet, je devrai conditionner toutes mes facultés mentales en les orientant dans le sens de la réalisation dudit projet. Je devrai donc établir un plan précis de ma future maison, choisir tel terrain sur lequel ma maison sera érigée, calculer le montant des déboursés, et établir toutes sortes de plans secondaires, telle la date du début des travaux. Il s'agit là de la deuxième étape me menant à la réalisation de la construction de la maison que je désire à tout prix habiter un jour.

Cependant, même si les deux premières étapes sont franchies, je ne peux pas placer toute ma foi dans la réalisation de mon projet étant donné qu'il me reste encore la troisième étape à franchir. Et tant et aussi longtemps que la troisième étape ne sera pas franchie, il ne me servira pas à grand chose de placer ma foi absolue dans un tel projet.

Mais pour que ma foi soit complète et forte dans la réalisation de mon projet de construction, je devrai maintenant A-G-I-R concrètement dans le sens de mes plans, mes désirs, mes idées et ma conscience légitime et éclairée.

En guise d'actions concrètes, je devrai travailler dur et économiser afin de payer les factures au fur et à mesure qu'elles se présenteront. Je devrai aussi agir dans le sens qu'il me faudra préparer le terrain, couler la fondation, clouer des pièces de bois, peinturer, etc.

Maintenant que les trois étapes innées à mon projet de construction sont franchies, je peux alors placer toute ma foi dans la réalisation de ce projet qui me tient à coeur et être absolument persuadé que le dit projet sera bel et bien mené à bon port. Mais tant et aussi longtemps que les trois étapes mentionnées n'ont pas été franchies, il m'est guère possible de placer ma foi dans une sorte de demi-projet mal avorté.

Tant et aussi longtemps qu'un projet, ou un objectif, ne franchit pas les trois étapes mentionnées, il ressemble plutôt à un avorton. Et quoi d'autre que des inquiétudes peuvent être placées dans tel avorton?

Si tant de gens s'inquiètent et échouent dans la conduite de leurs projets, si légitimes soient-ils, c'est tout simplement dû au fait que tels projets ressemblent à des avortons mal planifiés, ou non désirés.

Beaucoup d'individus s'inquiètent et échouent parce que leurs projets ne demeurent qu'au stade du rêve, du désir, de l'idée, ou de la pensée. Mais le plus beau rêve, si légitime soit-il, ne peut pas se réaliser tant et aussi longtemps que des plans précis, et des actions concrètes ne sont pas posés positivement dans le sens de la réalisation de tel rêve.

C'est la raison pour laquelle tant de gens s'inquiètent lors d'un tirage à la loterie. Bien qu'il soit tout à fait légitime de désirer à tout prix gagner beaucoup d'argent, tout d'un coup, à la loterie, un tel rêve ne peut pas générer autre chose que des inquiétudes puisque ce n'est pas de cette façon que l'on peut gagner loyalement de l'argent. Comment peut-on mettre toute notre foi dans les loteries alors que ce procédé est en tout point contraire aux lois mêmes de la vie?

Un alcoolique peut avoir une foi complète que son projet de guérison se réalisera s'il franchit les trois étapes innées à la foi absolue. Premièrement, tel projet est en tout point légitime et conforme avec la conscience humaine éclairée. Deuxièmement, si l'alcoolique oriente toutes ses facultés mentales dans le sens positif de la guérison, il franchit alors une autre étape vitale. Troisièmement, s'il veut à tout prix atteindre son objectif de guérison, l'alcoolique devra AGIR dans le sens de son projet. Ce qui signifie qu'il s'éloignera des bars et qu'il s'abstiendra totalement de la moindre goutte d'alcool. C'est seulement en franchissant les trois étapes fondamentales que l'alcoolique peut alors avoir la foi absolue de pouvoir atteindre son objectif visé. Il est clair qu'une telle foi, solidement appuyée sur les trois piliers fondamentaux mentionnés, ne court guère le risque d'engendrer des inquiétudes.

C'est aussi le même processus que devra suivre l'individu qui veut à tout prix cesser de fumer. Premièrement, il n'aura aucune peine à faire approuver ce projet tout à fait légitime par sa conscience éclairée. Deuxièmement, il orientera positivement ses facultés mentales dans le sens de la réalisation de son projet consistant à cesser de fumer. Troisièmement, il AGIRA en ce sens qu'il cessera d'acheter des cigarettes, qu'il changera d'amis et qu'il ne portera absolument aucune cigarette à ses lèvres. Si l'individu qui désire à tout prix cesser de fumer franchit les trois étapes mentionnées, il peut alors être persuadé, avec une foi totale, qu'il atteindra bien son objectif. Sinon, qu'il ne manque qu'une seule des trois étapes mentionnées, et un lot d'inquiétudes seront au rendez-vous à la place du succès.

Dieu nous a créé de telle sorte que nous pouvons très bien réaliser nos objectifs légitimes, utiles, sains et raisonnables si seulement nous nous donnons la peine de franchir les trois étapes fondamentales sur lesquelles repose la vraie foi: Que le projet visé soit conforme en tout point avec la conscience humaine éclairée; ensuite, que les facultés mentales de la pensée, du désir, de l'idée, etc., soient positivement orientées dans le sens de la réalisation de tel projet;

enfin, que des ACTES positifs, précis et constants soient posés en vue de la réalisation du dit projet. Voilà de quelle façon il convient de mener la réalisation de quelque projet que ce soit et de parvenir ainsi à vaincre tout genre d'inquiétudes.

Chapitre 24

Remettez donc les choses en ordre avec Dieu

De même qu'il est difficile de parler d'une roue de bicyclette sans parler de toute la bicyclette, et de parler d'un enfant sans mentionner ses parents, ainsi en est-il de l'humain et de Dieu, son auteur. Comment peut-on parler du courage sans faire allusion au Créateur de la machine humaine? Et, il faut bien l'admettre enfin, il est impossible de remettre un individu d'aplomb moralement sans le mettre d'abord d'aplomb spirituellement.

De nos jours, on parle beaucoup de relance économique. Cependant, bien que les conditions matérielles de vie que nous connaissons à notre époque soient pas mal plus avantageuses que celles que connurent nos ancêtres, on a rarement vu une génération d'individus aussi découragés et déprimés que ceux de notre temps. Nos ancêtres étaient loin de connaître les conditions de vie que nous connaissons; cependant, ils étaient dotés d'un courage à peu près indéfectible. Du coureur des bois, en passant par le trappeur et le bûcheron, jusqu'au cultivateur, les générations passées étaient composées d'êtres courageux disposés à affronter n'importe laquelle sorte de conditions climatiques, économiques ou autres.

Mais que dire de notre génération? Il suffit d'une simple panne de courant pour générer un état de panique au sein de notre société. Et que prouvent toutes ces heures lamentablement gaspillées, autant devant le petit écran qu'ailleurs, sinon qu'on a affaire à une race de découragés?

Comme on l'a vu dans les chapitres précédents, le courage est l'état intérieur qui génère de la force morale à une personne et qui lui permet de CONTI-NUER d'avancer dans la poursuite de tous ses objectifs légitimes. Une personne courageuse, c'est une personne qui CONTINUE de s'acquitter loyalement des mille et une petites tâches de son vécu quotidien. Qu'il s'agisse d'un homme, d'une femme, d'un mari, d'une épouse, d'un père, d'une mère, d'un travailleur, d'une travailleuse, la personne courageuse trouve toujours assez de courage et de force pour CONTINUER de vaquer positivement, joyeusement et utilement à toutes ses occupations journalières.

Par contre, il n'en va pas de même avec la personne découragée. Cette dernière est le contraire exact de la première. On reconnaît une personne découragée par l'indifférence, le négativisme, l'agitation, le laisser-aller, ou l'abandon pur et simple envers la plupart des tâches quotidiennes qui incombent normalement à un être humain. Ainsi, contrairement à la personne courageuse, qui va continuer de s'acquitter de ses devoirs de conjoint ou de parent, la personne découragée, elle, va tout simplement tout laisser tomber. Que dire du degré de courage d'une population conjugale dont près de la moitié abandonnent conjoints et foyers et enfants?

La personne découragée s'identifie aussi par l'indifférence à peu près totale qu'elle manifeste à l'égard du travail. Même si les conditions économiques actuelles peuvent être difficiles, la personne courageuse va continuer de s'activer dans un emploi quelconque. Et si jamais une telle personne courageuse vient à perdre son emploi, elle se mettra sans tarder à la recherche d'un autre emploi. Bien plus, elle s'empressera d'acquérir les qualifications nécessaires qui lui permettront de mieux se recycler dans une autre branche. Mais telle n'est pas la personne découragée. Dès qu'une contrariété l'atteint dans le domaine de l'emploi, elle choisit de tout abandonner et de se laisser tout simplement aller au hasard des événements.

Non, ce n'est pas d'une relance économique qu'a besoin notre génération, mais d'une relance spirituelle. Vous avez sans doute pu remarquer que plus les gens cherchent à se débarrasser de l'idée de Dieu, plus ils deviennent découragés et moins ils ont de force et de courage pour pouvoir CONTINUER d'agir dans la poursuite d'objectifs normaux et tout à fait légitimes au monde humain, ou innés à notre espèce.

Si vous me le permettez, je vais vous raconter une toute petite histoire. Bien sûr, cette histoire vous la connaissez bien. Mais si je tiens à vous la remémorer, c'est tout simplement afin de vous rappeler que l'être humain sans son Père est en tout point comparable à un fils qui, un beau jour, décide de voler de ses propres ailes.

Un homme très riche avait deux fils. Un beau matin, le plus jeune fils s'approche de son père et lui dit à peu près ceci: "Père, je suis pas mal tanné de vivre enfermé avec toi. Oh, je sais que tu pourvois à tous mes besoins et je tiens à te dire que je suis très bien ici. Mais vois-tu, père, je suis un homme maintenant, et j'ai décidé que je pouvais me passer de toi. Je suis persuadé de pouvoir voler de mes propres ailes. Alors, donne-moi sur le champ ma part de l'héritage et laisse-moi partir!"

Vous pouvez imaginer que le père a certainement fait son gros possible afin de persuader son jeune fils de changer d'idée et de rester à la maison. Mais rien ne put faire changer le fils d'idée. Aussi, le paternel se vit-il forcé de lui remettre sa part d'héritage. Et le fils est parti pour voler de ses propres ailes.

Présomptueux et les poches bourrées d'argent, le fils libre se rendit dans une grande ville et se mit à faire la grosse noce avec des camarades plus ou moins indésirables. Le fils volait enfin de ses propres ailes et, tel qu'il l'avait si ardemment souhaité, il jouissait de la plus totale liberté de vivre.

Voici maintenant comment les choses se sont ter-
minées pour l'orgueilleux fils. Quelque temps plus
tard, n'ayant plus un seul centime en poche, le fils,
fauché, se retrouva en train de manger avec les
cochons. Et n'eut été de son retour vers son père, et
de son repentir sincère, il serait mort de faim ou serait
tombé dans la plus vile déchéance.

Je suis sûr que vous vous rappelez cette histoire du
fils prodigue. Je connais plusieurs autres histoires du
genre, et je suis persuadé que vous aussi vous devez
en connaître certainement quelques-unes.

Voici la conclusion de cette histoire: sans Dieu,
l'être humain n'a pas d'autre choix que de voler de ses
propres ailes. Si vous comprenez de quelle façon s'est
terminée l'histoire du fils prodigue, vous devez certainement comprendre pourquoi tant d'individus de
notre époque sont sans courage, sans enthousiasme,
sans joie de vivre, et semblent patauger lamentablement dans une sorte d'auge à porcs.

Une roue de bicyclette, si parfaite soit-elle, n'est
d'aucune force ni utilité si elle n'est pas branchée au
reste de la bicyclette. Une ampoule électrique est sans
force et sans utilité si elle n'est pas branchée sur le
courant de l'Hydro-Québec. Une automobile est sans
énergie, ni d'aucune utilité si elle n'est pas branchée
sur la réserve de courant se trouvant dans la batterie.
Un corps humain est sans force, ni d'aucune utilité s'il

est sans souffle de vie. Alors, ainsi en est-il du moral d'une personne: à moins que l'être ne soit "branché" sur Dieu lui-même, l'individu est sans courage et de peu d'utilité.

Oh, bien sûr que l'être humain peut fort bien se reproduire sans être étroitement relié à Dieu. Bien sûr qu'il peut aussi manger, dormir, éliminer ses déchets internes, travailler, rire, voyager, marcher, tomber, se relever, etc. Voilà exactement ce que font tous les animaux et ils n'ont pas besoin d'être reliés spirituellement à Dieu pour effectuer de tels actes. Mais si les animaux ne sont pas reliés spirituellement à Dieu, vous voyez qu'ils ne peuvent guère faire autre chose que manger, digérer, dormir, éliminer des déchets, se reproduire, se coucher, se lever, travailler, marcher. Voilà à peu près tout ce que peuvent faire les bêtes, et c'est aussi à peu près tout ce que peuvent faire les individus humains qui ne sont pas reliés spirituellement à Dieu.

Il faut savoir et comprendre que l'être humain, créé à l'image spirituelle et morale même de Dieu, a une grande mission à accomplir sur la planète Terre. Si Dieu a voulu l'être humain différent des bêtes, la raison en est que l'être humain a été créé tout spécialement pour aimer, être aimé, donner, recevoir, partager, participer, planifier, réconforter, consoler, chérir, encourager; de plus, il a été conçu pour produire du bon, du beau, du bien, du pur; en somme, tout ce qui contribue directement à la joie de vivre et au bonheur.

Pour quelle raison l'être humain de notre époque abandonne-t-il son foyer? Pour quelle raison se drogue-t-il? Pour quelle raison vole-t-il pour vivre? Pour quelle raison s'obstine-t-il dans la haine? Pour quelle raison tue-t-il son semblable? Pour quelle raison avorte-t-il ses rejetons? Oui, pour quelle raison, sinon une raison purement spirituelle, l'être humain de notre temps ne peut-il faire que des choses détestables, immorales, négatives, décourageantes?

La personne spirituelle, qui satisfait pleinement ses besoins spirituels, n'a guère le goût de faire du mal à son prochain, de le voler, le violer, lui mentir, ou le tuer. La personne qui vie pleinement sa vie spirituelle vit uniquement pour faire le bien et produire du bon et du beau tout autour d'elle. La personne spirituelle est constamment heureuse et joyeuse de vivre, quelque soit son problème particulier qui l'affecte.

Chaque être humain est doté du même type de conscience. La conscience en nous est ce qui nous distingue catégoriquement des animaux. Mais notre conscience, tel un muscle, a sans cesse besoin d'être nourrie pour pouvoir fonctionner convenablement et bien jouer le rôle délicat pour laquelle elle a été conçue par le Créateur. Si, contrairement aux bêtes, l'être humain est doté d'une conscience, c'est uniquement afin de produire constamment du bon, du bien, du beau, du pur, de l'utile, du positif, du sain, du courage, de la joie de vivre, du bonheur, en somme tout ce qui contribue généreusement au mieux-être et au bonheur de toute la famille humaine.

En tant qu'être humain, nous n'avons pas à notre disposition trente-six façons de vivre. Soit que nous ajustions notre conscience sur celle de Dieu même, en comblant adéquatement nos besoins spirituels; ou soit que nous nous laissions tout simplement vivre comme les animaux.

Mais si nous choisissons de nous laisser vivre comme des bêtes, nous devrons nous résigner à devoir récolter pas mal plus de problèmes que les bêtes. Les bêtes ont leur instinct pour guide, mais nous, humains, nous avons notre conscience comme guide. Et quelle sorte de direction peut bien produire une conscience affamée spirituellement et laissée à elle-même? Remarquez ce qui se passe au sein de la société humaine et constatez par vous-même quels résultats peuvent produire des consciences stériles, affamées et abandonnées à leur sort.

Loin de moi l'intention de produire un ouvrage sur la religion. Cependant, je suis tout à fait convaincu qu'il ne sert à rien de remettre un individu d'aplomb moralement s'il n'est pas d'abord réajusté spirituellement. Je suis absolument convaincu que l'être humain est doté de plusieurs aspects en soi qui se doivent d'être convenablement nourris si l'être veut bien fonctionner.

L'être humain est doté d'un aspect physique, et il verra son physique dépérir s'il n'y prend pas soin et ne l'alimente pas convenablement. De même, l'être humain est doté d'un aspect mental, et son esprit et ses facultés mentales deviendront purement instinctifs s'ils ne sont pas nourris convenablement. L'être humain est doté d'un aspect affectif, et ses sentiments se durciront s'ils ne sont pas convenablement entretenus. De même, l'être humain, contrairement aux bêtes, est doté d'un aspect moral, relié directement avec la conscience, et cet aspect finit par s'endurcir au point de devenir insensible lorsqu'il n'est pas alimenté convenablement.

Notre conscience est directement reliée à la facette spirituelle de l'humain qui est en nous et dont chaque individu est doté à sa naissance. Négliger d'alimenter l'aspect spirituel de notre être, c'est s'exposer à finir par vivre dans une sorte d'état végétatif, exactement comme les plantes, soit à un degré inférieur aux bêtes. Oui, inférieur, car les bêtes, elles, ont l'instinct pour les protéger en leur fixant des limites d'activités bien précises. Mais étant donné que l'humain n'est pas doté de l'instinct, mais de la conscience, il n'a pas d'autre choix que d'alimenter convenablement la dite conscience, par le biais de son aspect spirituel, s'il ne veut pas sombrer à un degré plus bas que les bêtes.

Remettre les choses en ordre avec Dieu, c'est se brancher sur la plus grande fontaine de spirituel, de moral et de courage qui puisse exister! D'ailleurs, est-ce sans raison si le Maître des maîtres eut un jour ces paroles: "HEUREUX ceux qui sont conscients de leurs besoins SPIRITUELS...!"

Chapitre **25**

De l'énergie
à volonté

Encore une fois, j'insiste pour répéter que si ce livre n'a aucune prétention religieuse, il est à peu près impossible de traiter d'un sujet aussi vaste que le découragement, voire le courage, sans être forcé d'aller jusqu'aux sources mêmes de l'humain, c'est-à-dire Dieu lui-même.

Mon intention n'est absolument pas de convaincre qui que ce soit à propos de l'existence de Dieu. Après avoir interrogé pas mal de personnes depuis plusieurs années, je suis arrivé à la conclusion personnelle suivante: environ 2 pour cent des individus sont absolument convaincus de l'existence d'un Dieu personnel, d'un Dieu doté de sentiments, de facultés, d'un Dieu qui a le pouvoir de nous voir, nous entendre, lire dans nos coeurs et connaître le moindre de nos sentiments humains; ensuite, environ 48 pour cent des individus éprouvent des doutes en ce qui concerne l'existence d'un Dieu qui aurait le pouvoir de les voir, les entendre, les aider; enfin, 50 pour cent des individus sont arrivés à leurs conclusions que puisque tout va mal sur la Terre depuis le commencement du monde, ce doit être à cause du fait qu'il n'y a pas de Dieu.

Notez bien qu'il s'agit là d'un résultat échelonné sur plusieurs années de mes observations tout à fait personnelles. Mes observations n'ont pas été faites à partir d'une simple question banale posée à des gens afin de savoir si oui ou non ils croyaient en Dieu. Mais dans chaque cas particulier, j'ai toujours pris soin de traiter du sujet de Dieu en profondeur avec chaque individu avec lequel la question a été abordée. Alors, même si je me suis appliqué dans mes recherches, j'insiste encore pour dire qu'elles demeurent strictement du domaine d'opinions bien personnelles.

En ce qui me concerne, je dois avouer franchement qu'il m'est déjà venu à l'esprit l'idée de me défaire de l'enseignement de Dieu. Comme tout le monde, j'ai été confronté avec mon lot de difficultés, et, comme à peu près tout le monde, je croyais dur comme fer que c'était Dieu lui-même qui prenait un plaisir fou, en compagnie de son Fils et des anges, à faire du mal aux humains sans défense.

J'avais à peu près l'âge de vingt-cinq ans lorsque je me suis mis à régler pour de bon cette histoire de Dieu, à savoir si oui ou non il existait, et à savoir si c'était lui ou non qui nous envoyait tant de malheurs. Et à quelle conclusion suis-je parvenu? À celle-ci: de même qu'il est impossible d'essayer de convaincre un petit enfant qu'il n'a pas de père, qu'il s'est fait tout seul, ainsi en est-il des humains, voire de toute la majestueuse création; il est tout simplement impossible que tant de chefs-d'oeuvre se soient faits tout seuls, sans le concours d'une puissance possédant une intelligence hors du commun.

Oui, comment se fait-il que la planète Terre, n'étant supportée par aucun support visible, et n'étant point actionnée par quelqu'engin que ce soit, soit en constante rotation, de façon équilibrée, harmonieuse, ordonnée, et qu'elle tourne sans arrêt, sans le moindre soubresaut? Comment se fait-il que le soleil, bien qu'étant un million de fois plus gros que notre planète, soit tout à fait placé juste au bon endroit; et comment peut-il chauffer sans cesse sans que personne n'aille le ravitailler en combustible? Que dire de l'être humain maintenant? Comment peut-il être possible à notre coeur de fonctionner sans arrêt, sans être branché sur aucune pile ou courant quelconque? Que dire maintenant de notre cerveau, notre sang, nos yeux, notre foie, notre système digestif? Que dire enfin de toutes les merveilles qui nous entourent, autant celles se trouvant dans la voûte céleste, que sur notre planète, ou enfouies dans notre sol? Un esprit humainement raisonnable peut-il franchement arriver à la conclusion que tout ça s'est fait tout seul, sans le concours d'une source intelligente et très puissante?

Partout où peut porter notre regard humain, nous ne faisons qu'apercevoir des traces d'amour, d'ordre, d'harmonie, de paix, et d'innombrables autres aspects positifs. Alors, d'après ce que nous voyons de la création, comment pourrions-nous logiquement conclure que Celui qui a tout fait avec tant d'amour et d'ordre puisse à la fois avoir la bassesse de nous faire constamment du mal? Impossible. Il est tout simplement inconcevable qu'un Dieu qui s'est tant appliqué à créer autant de choses magnifiques et positives soit à la fois un monstre cruel qui passe tout son temps à faire du mal aux humains sans défense.

Voilà vers quelles conclusions des années d'observations ont pu m'orienter. À la croyance absolue en un Dieu et Père intelligent, aimant, tout-puissant, positif, joyeux, sage, courageux; à un Père qui ne me veut que du bien et qui est constamment disposé à m'aider, me secourir, me consoler, me bénir, me rassurer. Oui, tel est bel et bien son attitude si, pour un instant, on se prend à contempler ses oeuvres magnifiques. Et si nous partons du principe que les qualités d'un personnage se reflètent d'après ses oeuvres, à quelle conclusion raisonnable pouvons-nous parvenir quand, durant seulement quelques instants, on s'applique à contempler la magnifique création de Dieu?

Ce sont là mes conclusions personnelles à propos de Dieu, et en ce qui me concerne, je suis très heureux qu'elles soient ainsi.

Si j'insiste avec tant d'ardeur pour donner un tel aspect spirituel à ce livre, la raison en est, en ce qui me concerne du moins, que je me demande bien à quelle source autre que Dieu même il me serait possible de puiser du réconfort, de la joie de vivre et du courage pour CONTINUER à poursuivre aussi courageusement la merveilleuse course de l'existence. Les oeuvres de Dieu sont stables et permanentes, Dieu lui-même est donc stable et permanent. Et si le Père est tel, c'est donc vers Lui, plutôt que vers quelqu'humain que ce soit que je dois logiquement puiser toute l'énergie et le courage dont j'ai besoin quotidiennement. Et si c'est mon propre cas, pour quelle raison ne serait-ce pas votre cas à vous aussi?

Ceci étant établi, je tiens à tout prix à terminer ce chapitre à propos de l'énergie avec ces quelques citations tirées du plus merveilleux Livre qui soit, c'est-à-dire la Bible. Faites plus que lire ces citations. Après les avoir lues, allez dehors, levez les yeux, contemplez la voûte en haut et constatez l'énorme somme d'énergie concentrée, ordonnée et incommensurable qui s'y trouve. Ensuite, retirez-vous à l'intérieur de vous-même, réfléchissez à toutes ces choses. Enfin, revenez à ce chapitre, ou allez directement dans votre propre Bible afin de relire plusieurs fois les citations qui vont suivre. Si vous êtes le moindrement raisonnable, et je suis sûr que vous l'êtes beaucoup, vous ne pourrez faire autrement qu'ouvrir tout grands les yeux de votre coeur, votre esprit et aussi ceux de votre conscience et réaliser enfin jusqu'à quel point il peut y avoir une telle quantité d'énergie qui se trouve là, à portée de votre prière, et toute disposée à vous communiquer du courage à satiété.

Voici maintenant ces fameuses citations que je ne me lasse jamais de lire et relire et qui se trouvent consignées dans le livre du prophète Esaie, au chapitre quarante, à partir du verset vingt et un:

"Ne savez-vous pas? N'entendez-vous pas? Ne vous l'a-t-on pas révélé depuis l'origine? N'avez-vous pas employé l'intelligence depuis les fondements de la terre? Il y a Quelqu'un qui habite au-dessus du cercle de la terre, dont les habitants sont comme des sauterelles, Celui qui tend les cieux comme une fine gaze, qui les déploie comme une tente pour y habiter, Celui qui réduit à rien les dignitaires, qui a rendu les juges de la terre pareils à une chimère. Ils n'ont encore jamais été plantés; ils n'ont encore jamais été semés; leur souche n'a encore jamais pris racine dans la terre. Et l'on n'a qu'à souffler sur eux et ils se dessèchent; et la tempête de vent les emportera comme du chaume. Mais à qui pourrez-vous me comparer, pour que j'en devienne l'égal? dit le Saint. Levez vos yeux en haut et voyez. Qui a créé ces choses? C'est Celui qui fait sortir leur armée d'après le nombre, et qui les appelle toutes par leur nom. Par suite de l'abondance de son dynamisme, car il est également vigoureux par la force, pas une d'entre elles ne manque. Pourquoi dis-tu, ô Jacob, et parles-tu à haute voix, ô Israël: "Ma voie a été cachée à Yahvé, et la justice à mon égard échappe à mon Dieu lui-même"? Ne sais-tu pas ou n'as-tu pas entendu? Yahvé, le Créateur des extrémités de la terre, est Dieu jusqu'à des temps indéfinis. Il ne s'épuise ni ne se fatigue. On ne peut scruter son intelligence. Il donne de la force à celui qui est épuisé; et il fait abonder toute la vigueur à celui qui est sans dynamisme. Les garçons s'épuiseront et se fatigueront, et les jeunes hommes trébucheront, oui, mais ceux qui espèrent en Yahvé reprendront de la force. Ils s'élèveront avec des ailes, comme les aigles. Ils courront et ne se fatigueront pas; ils marcheront et ne s'épuiseront pas."

Voilà, la plus grande et merveilleuse Source de courage est là, toute à la portée de quiconque le veut bien. N'hésitez pas à puiser abondamment à cette excellente Source tout le courage dont vous avez besoin pour CONTINUER de savourer pleinement votre magnifique existence.

Chapitre 26

Ne cessez jamais de croire aux miracles

À chaque fois que la planète Terre effectue un nouveau tour sur elle-même, il s'agit là d'un véritable miracle du point de vue humain. À chaque fois que le soleil nous éclaire, il s'agit là d'un véritable miracle humain. À chaque fois qu'un nouveau bébé fait son apparition sur la scène terrestre, il s'agit là d'un véritable miracle humain. À chaque fois qu'une graine de semence produit une plante, il s'agit là d'un véritable miracle humain. Oui, à chaque fois qu'une action quelconque se produit autour de nous, il s'agit d'un autre miracle de plus qui doit être ajouté au palmarès déjà pas mal impressionnant se trouvant à notre portée.

Il y a des individus qui attendent que des miracles soient faits pour se décider à croire en la vie. Mais il suffit simplement d'ouvrir le moindrement les yeux du discernement pour contempler une multitude de miracles qui se déroulent sans fin tout autour de chacun de nous. Avons-nous encore besoin de plus de miracles pour nous inciter à mettre enfin notre confiance absolue entre les mains de la merveilleuse vie?

La vie toute entière est un long champ de miracles prodigieux. Quel être humain pourrait bien produire autant d'actions prodigieuses, et "miraculeuses" que la vie elle-même? Bien sûr que c'est Dieu qui a fait toutes choses; mais la plus grande et prestigieuse oeuvre du Créateur n'est-elle pas la vie elle-même? À chaque instant de notre existence, la vie qui bat sans fin en nous, et tout autour de nous, ne cesse de nous inviter à la savourer, la déguster, en somme elle nous dit constamment: "Allez, vas-y, cesse de gémir sur toi-même! Ne te retiens pas. Vas-y, vis pleinement TA merveilleuse vie!"

Apprécier la vie, sa propre vie, est un excellent moyen de se générer du courage en abondance. Pourquoi gaspiller ses énergies, son bonheur, sa joie de vivre et son courage à chercher ailleurs une certaine raison de vivre alors qu'il y a tant de facettes vivifiantes de la merveilleuse vie à découvrir et à cultiver en soi-même?

Si jamais vous êtes l'une de ces personnes qui manque assez régulièrement de courage, alors permettez-moi de faire le marché suivant avec vous. Si vous le voulez bien, commençons par évaluer votre personne, c'est-à-dire votre propre vie.

Par exemple, si c'est l'argent qui vous manque, je suis heureux de vous annoncer qu'au moment même où j'écris ces lignes, je connais une jeune québécoise qui se trouve présentement dans un hôpital en Californie et qui serait tout à fait disposée à vous payer comptant au moins un million de dollars pour votre cœur et vos poumons.

Et si vous n'êtes pas disposé à vous séparer de votre cœur, ou de vos poumons, je connais personnellement un malade mental dont les parents sont millionnaires et qui seraient tout à fait disposés à vous verser un million de dollars en argent comptant en échange de votre intelligence.

Mais si vous n'êtes toujours pas disposé à vous départir de votre intelligence pour un million de dollars, je connais très bien un jeune père infirme, qui a les moyens et qui serait disposé à vous verser cinq cent mille dollars en argent comptant en échange de vos deux jambes et vos deux pieds.

Si vous n'êtes toujours pas disposé à effectuer les marchés que je vous propose, c'est donc dire que l'évaluation que vous faites de votre petite personne aux tendances décourageantes commence à prendre de la valeur, n'est-ce pas?

Si c'est votre apparence physique qui vous décourage, alors laissez-moi vous dire qu'il y a des millions de cadavres en décomposition qui, s'ils le pouvaient, échangeraient volontiers votre physique pour seulement quelques années de vie.

Si c'est l'endroit où vous habitez qui a tendance à vous décourager, laissez-moi vous dire que des millions d'habitants du Salvador, du Brésil, de l'Iran, de Russie, ou du Liban seraient volontiers disposés, s'ils le pouvaient, à vous payer une grosse fortune en échange de votre coin de soleil.

En effet, si vous êtes comme la majorité des humains raisonnables qui habitent cette planète, il est peu probable que vous vous résigneriez à échanger votre propre vie pour quelque somme d'argent que ce soit. Si c'est votre cas, et je suis persuadé qu'il en est bien ainsi, alors quelle véritable raison pouvez-vous avoir de vous décourager? Si une sommaire évaluation de votre personne vous a déjà catapulté dans les millions, voire les milliards de dollars, alors quelle véritable raison auriez-vous de vous plaindre de la vie?

Ce soir, avant de vous endormir, mettez-vous sérieusement à faire le tour du propriétaire. Songez soigneusement à chacune des parties de votre personne, voire votre vie, et essayez d'évaluer la valeur de votre existence. S'il vous plaît, soyez honnête le plus possible dans votre évaluation et n'oubliez absolument aucune partie de vous-même. Qu'il s'agisse de votre intelligence, votre cerveau, vos yeux, votre coeur, votre système digestif, vos cinq sens, etc., essayez de fixer un prix équitable pour chacune des parties de votre personne. En ce qui me concerne, je suis absolument certain que malgré tous vos efforts, vous ne parviendrez jamais à fixer un quelconque prix servant à établir la valeur exacte de VOTRE précieuse vie.

À présent que vous commencez à prendre quelque peu conscience de VOTRE valeur inestimable, allez-vous maintenant vous débarrasser une fois pour toutes de cette détestable habitude du découragement? Maintenant que vous commencez à prendre conscience de VOTRE valeur humaine fantastique, allez-vous OUBLIER une fois pour toutes les tout petits aspects négatifs de votre personne et relever les manches de votre moral afin de vous lancer à fond dans la découverte et l'exploration constante de l'être fantastique que VOUS ÊTES?

Ouvrez les yeux et ajustez-vous avec cette magnifique vie qui ne cesse de vous tendre les bras afin de vous inviter à savourer pleinement chaque instant de vie qui côtoie constamment votre propre existence. Allez-y! Faites confiance à la vie et elle ne vous décevra pas. Ce n'est jamais la vie qui est décevante, c'est seulement notre mauvaise façon de vivre à nous. Jamais la vie, ni son Auteur, n'ont déçu qui que ce soit. Alors pourquoi gaspiller ne serait-ce qu'un seul souffle de votre précieuse existence alors que tant de prodigieuses possibilités s'ouvrent toutes grandes à VOUS?

Allez-y! Soyez positif, soyez une fois pour toutes pleinement confiant que VOUS êtes un être extraordinaire, et que si la vie vous a voulu humain, c'est que la vie elle-même a placé toute sa confiance en vous. Alors, ne faites jamais l'erreur de la décevoir.

Tant qu'il y aura des humains sur la Terre, il y aura toutes sortes de nouvelles découvertes à effectuer. Et, en somme, se découvrir soi-même, et se mettre ardemment à la véritable découverte des autres, n'est-ce pas là notre plus grande et merveilleuse raison d'être?

Soyez fermement persuadé que vous, votre vie, votre courage, la vie, et Dieu réunis, pouvez réaliser les plus prodigieux miracles qui soient. En définitive, n'est-ce pas là le sens même des mots suivants de Saint-Paul: "J'ai de la force pour TOUT grâce à Celui qui me donne de la Puissance."

Oui, toutes choses légitimes, saines, utiles et positives sont à VOTRE portée. La seule condition que vous devez impliquer de votre part consiste à VOULOIR vraiment CONTINUER D'AGIR COU-RAGEUSEMENT dans la merveilleuse course quoti-dienne de votre magnifique existence.

Voilà, la force prodigieuse est à votre portée. Il vous suffit maintenant de "vouloir" vivre vraiment, positive-ment et courageusement. A la force incommen-surable qui s'offre aussi généreusement à vous, il ne vous reste plus maintenant qu'à faire vôtres ces courageuses paroles de Salomon: "Saisis la discipline; NE LÂCHE PAS. Sauvegarde-la, car elle est TA VIE!"

Table des matières

Quatrième partie **Le courage et la vie**